Business Environment Report of Guangzhou（2018）

广州营商环境报告

广州市人大常委会经济工作委员会　　编　著
广州市社会科学院

中国社会科学出版社

图书在版编目（CIP）数据

广州营商环境报告.2018／广州市人大常委会经济工作委员会，广州市社会科学院编著. —北京：中国社会科学出版社，2019.3
ISBN 978-7-5203-4147-9

Ⅰ.①广… Ⅱ.①广…②广… Ⅲ.①投资环境—研究—广州—2018 Ⅳ.①F127.651

中国版本图书馆 CIP 数据核字（2019）第 042986 号

出 版 人	赵剑英
责任编辑	喻　苗
责任校对	胡新芳
责任印制	王　超

出　　版	中国社会科学出版社
社　　址	北京鼓楼西大街甲158号
邮　　编	100720
网　　址	http://www.csspw.cn
发 行 部	010-84083685
门 市 部	010-84029450
经　　销	新华书店及其他书店

印刷装订	北京君升印刷有限公司
版　　次	2019年3月第1版
印　　次	2019年3月第1次印刷

开　　本	710×1000　1/16
印　　张	11.5
字　　数	151千字
定　　价	49.00元

凡购买中国社会科学出版社图书，如有质量问题请与本社营销中心联系调换
电话：010-84083683
版权所有　侵权必究

广州营商环境报告（2018）编委会

主　　　任　李小勉
副 主 任　郭　凡　张跃国
编　　　委（按姓氏笔画排序）
　　　　　马世超　尹　涛　卢　燕　刘伟强　关志升
　　　　　李宏石　沈　莹　沈　颖　陈　平　陈　重
　　　　　陈育良　林志云　周　慧　胡秀珍　柳立子
　　　　　徐红怡　黄　翔　黄永青　黄伟坚　黄远飞
　　　　　梁锦华　曾燕萍　蓝海滨　蔡进兵

主　　　编　郭　凡　张跃国
副 主 编　周　慧　尹　涛
编辑部主任　柳立子　陈　重
编辑部成员（按姓氏笔画排序）
　　　　　丁　树　刘帷韬　林煜塘
　　　　　钟应光　羿　莉　秦一博　熊　超

摘要：2017年7月，习近平总书记在中央财经领导小组第十六次会议指出要营造公平透明、可预期的营商环境，北京、上海、广州、深圳等特大城市要率先加大营商环境改革力度。2018年10月24日，习近平总书记亲临广州视察时指出，广州要在建设现代化国际化营商环境等方面出新出彩。广州市委根据中央精神，将"提升市场化法治化国际化营商环境"作为深化改革首要重点。本书借鉴世界银行营商环境评估指标体系框架，从监督评估的视角，通过多方调查收集，选取部分国家和地区"开办企业""办理施工许可"等10项指标与广州进行对比。对比分析发现，广州营商环境进步明显，成效显著，但部分领域与国际先进经济体尚有差距，主要体现在改革创新较为碎片化、系统性和精细化程度不高、改革攻坚锐气不足、服务扶持中小企业不够到位、市场要素供给不足等方面。建议向市场主体提供高水平制度、高标准服务、高质量要素和完善的市场体系，不断优化广州营商环境。另外，还展示了广州6个市直部门和11个区在优化营商环境方面的改革举措、经验做法和进一步深化改革对策建议，并选取2个先进城市进行分析借鉴。

关键词：营商环境；世界银行；广州

Abstract: In July 2017, President Xi proposed to create a fair, transparent and predictable business environment. According to this instruction, Guangzhou Party Committee made "the market-oriented, internationalized, legalized business environment" as the primary focus of deepening reform work. This report draws on the framework of the World Bank's "Doing Business Report" Assessment Index System, and collects 10 indicators including "starting a business", "dealing with construction permits" and so on in some countries and regions, to compare with Guangzhou. The comparative analysis found that business environment in Guangzhou has made remarkable progress and got remarkable results, but there are still gaps with advanced economies, mainly reflected in fragmentation of reform and innovation in government departments, the lack of reform's details, the week spirit of change, the scarce support of small and medium-sized enterprises, and not enough supply of market factors. We recommend to provide market entities with high-level policies, high-standard services, high-quality elements, and a sound market system to optimize the business environment in Guangzhou. In addition, this report demonstrates hard work and suggestions of six municipal departments in Guangzhou from the perspective of administrative angel. It shows how 11 regions in Guangzhou put efforts to optimize business environment. At last, this report selects two advanced cities for analysis and reference.

Key words: Business Environment; World Bank; Guangzhou

目 录

广州优化营商环境总体报告

广州优化营商环境的现状与举措 …………………………（5）
广州优化营商环境面临的问题及原因 ……………………（31）
广州优化营商环境的对策与建议 …………………………（35）

部门改革篇

市工商行政管理局：广州持续推进商事制度改革的
　　对策建议 ……………………………………………（45）
市税务局：进一步优化税收环境，促进市场主体发展 ……（53）
市政务管理办公室：深化政务服务改革，优化广州
　　营商环境 ……………………………………………（61）
市金融工作局：优化金融发展环境，打造国际金融资源
　　配置中心 ……………………………………………（68）
市人力资源和社会保障局：优化人才发展环境，打造
　　粤港澳大湾区人才高地 ……………………………（76）
市交通委员会：完善优化交通网络，建设综合性交通
　　枢纽 …………………………………………………（84）

区域案例篇

越秀区:"钻石29条",助力营商环境不断优化 ……………（95）

海珠区:"马上就办""最多跑一次",营商环境改革
再提速 ………………………………………………（102）

荔湾区:政务服务标准化建设,打造法治化营商服务
环境 …………………………………………………（108）

天河区:以纳税服务融合为抓手,助力营商环境优化 ……（114）

白云区:强化扶持,助力龙头企业强劲"领跑" ………（120）

黄埔区:用好"关键一招",打造"黄埔营商" ………（125）

花都区:持续优化营商环境,打造政务服务花都速度 ……（129）

番禺区:破解"三大难题",优化营商环境 ……………（136）

南沙区:打造"智慧口岸"品牌,着力提升贸易便利化
水平 …………………………………………………（143）

从化区:开辟"绿色通道",推进特色小镇建设 ………（149）

增城区:"三证合办""三测合办",再塑营商环境
新优势 ………………………………………………（153）

城市借鉴篇

香港:以企业需求为导向,阔开"方便"之门 …………（161）

上海:以中央政策为引领,深化"改革"之势 …………（169）

后　记 …………………………………………………………（177）

广州优化营商环境
总体报告

近年来,党中央十分重视营商环境建设。2017年7月17日召开的中央财经领导小组第十六次会议上,习近平总书记明确提出,要改善投资和市场环境,加快对外开放步伐,降低市场运行成本,营造稳定公平透明、可预期的营商环境,加快建设开放型经济新体制,推动我国经济持续健康发展,明确要求北京、上海、广州、深圳等特大城市率先加大营商环境改革力度。2018年10月24日,习近平总书记亲临广州视察时指出,广州要在建设现代化国际化营商环境等方面出新出彩。广州市积极贯彻落实党中央和习近平总书记的重要指示,将"提升市场化法治化国际化营商环境"作为2017年全面深化改革的首要重点改革项目,在市委全面深化改革领导小组下成立营商环境改革专项小组,明确由市发展改革委、市商务委、市委政法委分别牵头推进市场化法治化国际化营商环境建设工作。2018年以来,广州市相继出台"广州改革60条"和营商环境综合改革试点实施方案、工程建设项目审批制度改革试点实施方案等一批改革文件，并部署了开展优化营商环境专项行动计划。随着各项改革举措的落地实施和各项改革红利的持续释放，广州营商环境不断优化提升。

监督工作是宪法和法律赋予人大的一项重要职责，对于政府经济工作的监督是其重要组成部分。广州市人大及其常委会在中共广州市委的正确领导下，开展做出关于优化营商环境的决定相关工作。广州市人大常委会经济工作委员会加强和改进经济监督工作，2017年以来围绕"优化营商环境"主题持续深入调研，分别前往各区，与政府部门和企业座谈，了解企业实际需求，形成多篇调研报告，实现对经济工作的精准监督，促进政府经济方面的科学民主决策。

经过深入调查研究，我们进一步认识到，改善投资和市场环境，加快对外开放步伐，降低市场运行成本，营造稳定公平透明、可预期的营商环境，是加快建设开放型经济新体制、推动经济持续健康发展的重要保障，更是广州贯彻落实"四个走在全国前列"的重要体现。营商环境包括影响企业活动的社会要素、经济要素、政治要素和法律要素等方方面面，狭义来说是指政府所能影响商业活动，直接伴随市场主体从开办、运营到注销整个过程的政务环境、市场环境和法治环境。广州作为我国改革开放先行区和营商环境改革试点城市之一，必须进一步弘扬"敢为人先"的首创精神，按照国家战略部署，对标全球先进经济体，营造全球一流的营商环境。人大经济部门应该聚焦经济发展中的重大课题，研究破解对策，改进监督方式，提高监督实效。为此，本书借鉴世界银行营商环境评估指标体系框架，在对广州市营商环境进行总体评估的基础上，简要阐述了广州市近期优化营商环境的相应举措，并对涵盖企业生命周期的开办企业、办理施工许可证、获得电力、登记财产、获得信贷、保护中小投资者、纳税、跨境贸易、执行合同、办理破产10个方面展开分析，看清优势，认清差距，为广州优化营商环境找准方向和突破口，促进广州经济平稳健康发展。

广州优化营商环境的现状与举措

一 广州营商环境总体情况

根据世界银行的《2019年全球营商环境报告》,本书以"营商环境便利度分数"指标来表示广州市营商环境总体水平(见图1)。"营商环境便利度分数"是各个经济体的相对数,显示当前每个经济体与最佳实践者的差距,它代表广州市在每个指标上

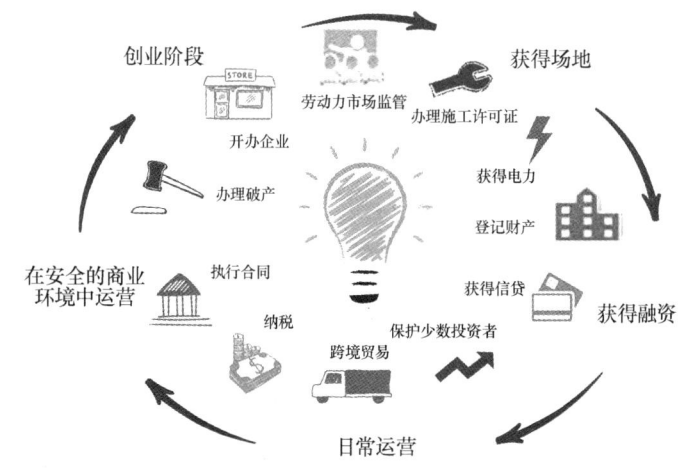

图1 营商环境衡量领域

资料来源:世界银行《2019年全球营商环境报告》,世行并未将劳动力市场监管纳入"营商环境便利度分数"的计算范围。

曾达到的最佳表现，并且能评估广州市随着时间推移在监管环境上的绝对改进。"营商环境便利度分数"取值区间为0—100。

参照世界银行《2019年全球营商环境报告》研究方法和标准，经测算，广州市2017—2018年度"营商环境便利度分数"（百分点）为71.24，略低于上海市（73.68）和北京市（73.59），在国内城市中处于较好水平，但广州市在单项指标上与世界其他经济体还存在一定差距（见图2）。①

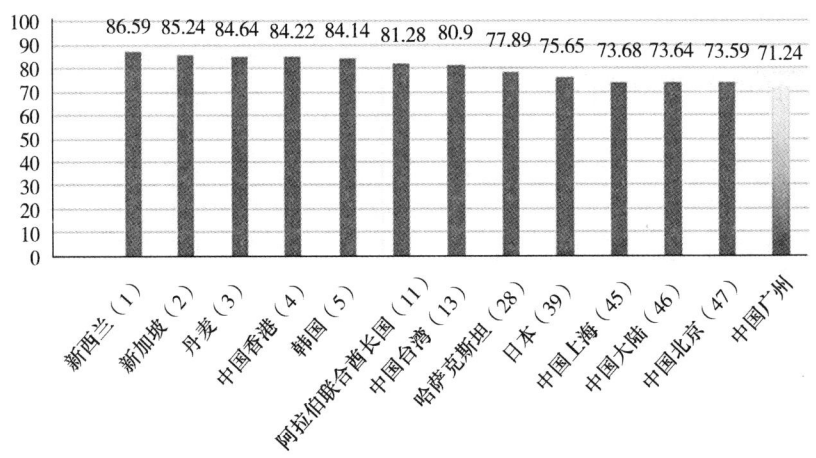

图2 广州营商环境"营商环境便利度分数"和"营商环境便利度排名"对标及对比

资料来源：广州数据为课题组调研所得，其余经济体和城市的数据均源于世界银行《2019年全球营商环境报告》。②

---

① 新西兰全球营商环境总排名第1位，开办企业、产权登记和获得信贷全球排名第1位；新加坡全球营商环境总排名第2位，亚洲营商环境排名第1位，执行合同全球排名第1位；丹麦全球营商环境总排名第3位，跨境贸易全球排名第1位；韩国全球营商环境总排名第5位；阿拉伯联合酋长国全球营商环境总排名第11位，获得电力全球排名第1位；日本全球营商环境总排名第39位，办理破产全球排名第1位；哈萨克斯坦全球营商环境总排名第28位，保护少数投资者全球排名第1位；中国香港地区全球营商环境总排名第4位，办理建筑许可和纳税全球排名第1位；上海和北京全球排名分别为第45位和第47位。

② 广州市数据由课题组成员将广州市相关数据代入世界银行测算指标体系计算得出。

二 广州市近期优化营商环境举措

为深入贯彻落实习近平总书记重要讲话精神,全面落实《中共广东省委关于加快推进新时代全面深化改革的若干意见》,在改革开放40周年新起点上推动广州改革再出发,2018年以来,广州市相继出台一系列优化营商环境举措,包括《广州市加快推进新时代全面深化改革 勇当"四个走在全国前列"排头兵三年行动方案(2018—2020年)》(以下简称"广州改革60条")、《广州市营商环境综合改革试点实施方案》、《广州市工程建设项目审批制度改革试点实施方案》、《广州市优化营商环境专项行动计划》等政策文件。

1. 实施《广州市工程建设项目审批制度改革试点实施方案》,打造项目审批高速公路

2018年8月13日,广州市政府颁布出台《广州市工程建设项目审批制度改革试点实施方案》,通过开发工程联审决策系统平台,推动供水供电等国企在政务办设受理窗口,实现行政审批和技术审查相分离,实行区域评估、联合审图、信任审批,探索企业"供地即开工"模式等若干举措。

2. 实施"广州改革60条",破解体制机制障碍

2018年8月14日,广州市召开全市全面深化改革工作会议,审议通过了《广州市加快推进新时代全面深化改革 勇当"四个走在全国前列"排头兵三年行动方案(2018—2020年)》,共提出16个重点领域60项具有创新性、突破性的改革举措,目标是到2020年基本构建起系统完备、科学规范、运行有效的高质量发展制度框架,重点从五个方面取得突破:(1)深化供给侧结构

性改革,在构建推动经济高质量发展的体制机制上走在全国前列;(2)构建现代产业体系,在建设现代化经济体系上走在全国前列;(3)构建开放型经济新体制,在形成全面开放新格局上走在全国前列;(4)创新社会治理体制,在营造共建共治共享社会治理格局上走在全国前列;(5)全面推进党的制度建设,为勇当"四个走在全国前列"排头兵提供坚强政治保证。

3. 实施《广州市营商环境综合改革试点实施方案》,力争将广州打造为全球企业投资首选地和最佳发展地

2018年10月,《广州市营商环境综合改革试点实施方案》(以下简称"方案")正式出炉,聚焦三项国家级改革试点、三个重点改革区域示范和"走在全国前列"六大改革举措,涵盖审批服务便利化改革、工程建设项目审批制度、企业投资管理体制、贸易便利化、科技创新体制机制、激发和保护企业家精神、市场监管、重点区域营商环境改革共八部分43项创新举措。广州将通过三个方面来实施这43项举措。

(1)深入开展三项国家级改革试点。深入开展压缩企业开办时间、工程建设项目审批制度改革、优化税收营商环境三项国家级改革试点,全力推进"数字政府"改革,展现审批制度改革的"广州速度"和"广州效率",推动商事登记"领跑全国"。

在深入开展压缩企业开办时间试点方面,率先推动"人工智能+机器人"商事登记全覆盖,全面推进"多证合一""证照分离""照后减证",实现商事登记"网上办、就近办、即时办",大幅度降低开办企业门槛,将开办企业时间压缩至4个工作日以内。

在加快开展工程建设项目审批制度改革试点方面,大幅降低报建门槛,实行区域评估、联合审图、信任审批,实现行政审批

和技术审查相分离。将政府投资工程建设项目从立项到竣工验收环节的技术审查和行政审批时间压缩至90个工作日，将社会投资项目从用地许可到竣工验收环节的行政审批时间控制在50个工作日。

在大力推进优化税收营商环境试点方面，率先全面实现国库（退税）业务全流程无纸化及"云缴税"，通过推行办税便利化改革，实现企业退税时间和清税申办时间分别节省50%。

（2）着力推动三个重点区域改革取得更大突破。突出试点先行，充分发挥广州开发区、广东自由贸易试验区南沙新区片区、国家临空经济示范区等重点区域在营商环境改革方面的示范突破推动作用，以点带面引领全市营商环境再上新台阶。

在推动广州开发区创建国家级营商环境改革创新试验区方面，推行"承诺制信任审批"，允许企业做出具有法律效力的书面承诺替代相应审批要件；探索"订制式审批"，企业可提出个性化报批方案。在全国率先推行行政审批和技术审查相分离，推进审批服务标准化，企业投资建设项目审批时限缩短至15个工作日，财政投资项目缩短至75个工作日，力争做到在全国审批流程最优、材料最简、时间最短、成本最低。率先试点"自由贸易+先进制造"，支持区内实施自贸试验区各项改革，创新贸易综合监管模式。大力推动知识产权证券化，开展全方位、高效率、专业化、国际化的知识产权交易，为建设知识产权强国探索经验。

在推动南沙自贸片区营商环境改革走在全国前列方面，率先构建"一个窗口管受理、一颗公章管审批、一支队伍管执法"的"三个一"全方位企业服务管理新体制。实施"多评合一""多图联审""联合验收"，推动工业、仓储类项目审批时间压缩至

15个工作日。全面推行商事登记确认制改革，率先实现企业"一照一码走天下"。率先建成全流程"线上海关"，推行"一键通关"，整体通关时间再压缩1/3以上，集装箱进出口环节合规成本压缩10%以上，打造口岸通关便利化的全国样板。

在推进国家临空经济示范区建设全面上水平方面，推动珠三角空域管理体制改革，探索白云机场综合保税区开展贸易多元化试点。除国家和省明确规定的收费项目外，实行区内企业政务服务"零收费"。建立智能分类通关监管模式，推动空港口岸监管方式创新。

（3）系统推进六项"走在全国前列"改革举措。系统推进投资便利化、贸易便利化、市场监管体制、科技创新体制、产权保护制度、人才发展环境六项"走在全国前列"改革举措，强化市场优势、成本优势、服务优势、制度优势，力争在打造全球企业首选地和最佳发展地上出新出彩。

在投资便利化方面，优化程序、流程，全面提升企业投资管理效率，推行外资商务备案与工商登记"一套表格、一口办理"，将政府核准的投资目录以外的项目备案时间压缩至2个工作日，负面清单以外的外商投资备案办理时限压缩至1个工作日。取消或停征93项涉企行政事业性收费，降低配气价格约40%，切实减轻企业负担。

在贸易便利化方面，以深化"单一窗口"推广应用为抓手，推动贸易便利化改革。推进"三互"大通关改革、深化港口价格形成机制、完善全球进出口商品质量溯源体系等先行先试举措。探索"单一窗口"平台与香港、"一带一路"沿线国家和地区口岸互联互通。全面降低口岸制度性成本，通关准备和货物提离时间在压减1/3基础上进一步压缩，出口查验率控制在2%以内。

在市场监管体制方面，以实施"信用+监管"为核心，推动市场监管体制改革。全面构建城市信用大数据，率先实施信用联合奖惩清单管理，将信用信息查询和联合惩戒等应用全面嵌入行政审批、事中事后监管、公共资源交易、招投标等业务流程，建立跨行业、跨系统、跨部门的守信联合奖励和失信联合惩戒制度。统筹配置行政处罚职能和执法资源，推动市场监管执法重心下沉，建立更加科学高效的市场监管体制。

在科技创新体制方面，以激发创新创造活力为关键，深化科技创新体制机制改革。深化科技创新领域简政放权，进一步下放科技项目立项权、管理权，试点科研经费管理"负面清单"。实施科技创新券跨地区使用和科技成果产业化引导基金，支持广州地区科技中小企业与港澳大学科研机构开展技术合作，扩大科技信贷风险补偿资金池规模。

在产权保护制度方面，以保护知识产权为重点，完善产权保护制度。探索覆盖知识产权创造、运用、保护、管理、服务的"全链式"新路径，建立健全快捷公正的多元商事争议解决机制，打造共建共治共享全国产权保护典范城市。将商标许可合同备案、商标质押登记办理时限压减至3个工作日；把专利实施许可合同备案、专利质押登记办理时限压缩至5个工作日。

在人才发展环境方面，以完善人才绿卡制度为着力点，优化宜业宜居的人才发展环境。丰富人才绿卡内容设计，向各区下放人才绿卡行政审批事权，为在穗各类人才提供安居保障、子女教育、医疗教育、配偶就业等"上管老下管小"全方位组合式暖心服务。健全企业家参与涉企政策制定机制，构筑产业与人才双驱动政策体系。

4. 实施《广州市优化营商环境专项行动计划》，打造更多营商环境改革"广州样本"

2018年11月，广州市政府常务会议审议并原则通过了《广州市优化营商环境专项行动计划》（以下简称"计划"）。"计划"聚焦开办（注销）企业、办理施工许可、不动产登记、缴纳税费、跨境贸易、获得电力、获得用水、获得用气、获得网络、获得信贷、知识产权保护等关键环节开展11个专项行动，通过优强项、抓弱项、补短板，着力减程序、减时间、减成本、优服务，带动广州市营商环境实现质的提升。

三 广州市主要营商环境指标评价

1. 企业开办手续：时间与成本均有效缩减，再压缩空间不大

"开办企业"主要记录开办企业所有手续及所需的时间、成本，从而衡量不同经济体的开办便利度。世界银行基于2018年调研数据发布的《2019年全球营商环境报告》显示，新西兰排在第1位，中国从2017年的第93位上升至2018年的第28位，广州"开办企业"所需手续和时间低于世界银行2018年公布的中国指标数据，分别为3项和3天（见表1）。

表1　　　　　　　与世界银行"开办企业"指标对比

排名	经济体（或城市）	指标			
		手续（数量）	时间（天数）	成本（人均收入百分比）	最低实缴资本（人均收入百分比）
2018年	1	新西兰	1	0.5	0.2	0.0
2018年	5	中国香港	2	1.5	1.1	0.0

续表

排名	经济体（或城市）	指标			
		手续（数量）	时间（天数）	成本（人均收入百分比）	最低实缴资本（人均收入百分比）
2017年	93	中国	7	22.9	0.6	0.0
2018年	28		4	8.6	0.4	0.0
2018年	—	广州	3	3	0.5	0.0

资料来源：国家层面数据来源于世界银行《2019年全球营商环境报告》（http：//www.doingbusiness.org/en/reports/global-reports/doing-business–2019），广州市数据来源于课题组多方调查收集未计算排名。

广州市一直重视商事登记制度改革，是全国较早全面实施这项改革的国家中心城市：2013年7月，出台《广州市商事登记制度改革方案》；2013年9月，启动商事制度改革试点工作；2014年，颁布《广州市商事登记暂行办法》，全面推行商事制度改革；2015年，印发工商登记前置审批事项目录和后置审批事项目录；2016年，开始实行"一址多照"。

2017年，广州进一步加大改革力度：8月颁布《关于优化市场准入环境的若干意见》，明确企业电子营业执照与纸质营业执照具有同等效力，全国首创"人工智能+机器人"全程电子化"无人审批"商事登记服务，实现了"免预约""零见面""全天候""无纸化""高效率"商事登记服务即时办理。2018年4月出台《关于持续提升开办企业便利度的若干意见》，对符合条件、材料齐全的申请人在广州开办企业必备环节不超过3天，各部门政务窗口设立开办企业"快速通道"，为开办企业实现数据实时共享，全面优化商事登记便利措施。实行商事登记"审核合一、一次办结""容缺登记"，推行公章刻制网上申办、网上缴费、网上自动备案，推出新开办企业纳税人"套餐式"服务，设立开办企业"快速通道",实现窗口办理"只跑一次"、网络办理"零跑动"。

广州在开办企业便利度上已取得较好效果。据广东政务服务网统计,2018年10月全省网上全流程办理率为58%,广州为70%,高出全省水平,但仍然存在市场主体总量规模较先进城市有差距、各级登记窗口超负荷运作、事中事后监管不足等问题。例如,场所审批是企业商事登记过程中至关重要的一个环节。广州自2017年9月起实施经营场所登记制度改革,推行住所(经营场所)自主承诺申报制,不再要求市场主体提交住所或经营场所的使用证明,但前提是这些企业必须在经营场所负面清单之外。广州市将重污染、危险品等行业列入市场主体住所(经营场所)自主承诺申报负面清单的同时,也将部分服务行业列入负面清单,限制了部分市场主体的登记。又如,在商事登记中涉及的银行开办账户,商业银行与人民银行之间的数据传输、审批流经需要3—5天时间,存在进一步压缩的空间。

2. 施工许可证:办理环节有所减少,办理时间还可进一步降低

"办理施工许可"主要记录企业房屋建筑等建设要办理的各项手续所需的时间和费用以及建筑质量控制举措等。《2019年全球营商环境报告》显示,"办理施工许可"这一项,中国香港排在第1位,中国由2017年的第172位上升至第121位。广州"办理施工许可"所需手续和时间高于世界银行2018年公布的中国指标数据,分别为26项和193天(见表2)。

表2　　　　　　与世界银行"办理施工许可"指标对比

排名	经济体（或城市）	指标			
		手续（数量）	时间（天数）	成本（仓库价值百分比）	建筑质量控制指数（0—15）
2018年　　1	中国香港	11	72	0.6	14.0
2017年　172	中国	23	247.1	7.8	9.6
2018年　121		20.4	155.1	2.9	11.1
2018年　—	广州	26	193	3.0	—

资料来源：国家层面数据来源于世界银行《2019年全球营商环境报告》（http://www.doingbusiness.org/en/reports/global-reports/doing-business–2019），广州市数据来源于课题组多方调查收集。

从2013年开始，广州工程审批改革五年来保持着大约一年一更新的频率。2013年4月，广州市政府出台了"并联审批、限时办结"的政策，把审批办事指南标准化，试点网上审批，提出政府投资项目审批时间不得超过145个工作日；2013年12月，广州市政务办编制《广州市建设工程项目联合审批办事指引》，开始了一窗受理，同样材料只要交一次；2017年4月，试点政府投资项目三规合一、企业告知承诺制；2018年8月，出台《广州市工程建设项目审批制度改革试点实施方案》，开发工程联审决策系统平台，推动供水供电等国企在政务办设受理窗口，实现行政审批和技术审查相分离，实行区域评估、联合审图、信任审批，探索企业"供地即开工"模式等若干举措，打造项目审批"高速公路"。

经过新一轮建设工程项目审批制度改革，审批效率有了明显提高，项目建设所需时限大大缩短。通过"一窗受理"模式下的行政审批流程再造，企业办事环节的许多材料得以压缩，相应的审批速度大大加快。以广州市国土资源和规划委员会涉及的办证流程为例，目前企业办理建设项目选址意见书核发、建设项目用地预审、政府投资项目（项目建议书）审批、政府投资项目（可行性研究报告）审批、建设用地规划许可证核发5项审批时间，由原70个工作日缩减为13个工作日，总材料由原38项减少至24项，精简率为45%。在广州市住建委开发的工程联审决策系统平台上，各审批部门和相关单位同时提出审查意见，按照"谁提出、谁负责"的原则，哪个部门提出的意见就由哪个部门指导企业修改，突出集中审查的优势，改变了过去多个审批部门各自为政进行技术审查、部分部门意见相互矛盾难以协调一致的局面，极大地压缩了技术审查的时间，提高了技术审查的质量。

虽然广州在项目施工许可方面的改革已取得比较明确的成效，但与先进经济体比较仍存在可完善的空间。根据相关规定，办理建筑施工许可企业需要向住建、人防、消防、环保、气象等多个职能部门申请审批，涉及20余项手续，而香港只需要11项。与此相比，在现行的制度框架下，广州办理施工许可的流程为26项，比香港多了15项，时间多了121天。当前，广州对建设工程的监管原则依然沿用"事前审批"，从用地规划到划红线、报批、建设施工，都牢牢把控在审批环节，要彻底加快建设审批关键在于"放开"，将"事前审批"转变为"事中和事后监管"，转变为施工过程中的监管和施工完成后的验收。

3. 电力获取：手续大量简化，效率大幅提升

"获得电力供应"指标反映企业获得电力供应的难易程度，主要从获得电力所需的程序总数、获得电力所需的总天数、占该经济体人均收入的百分比、供电可靠性和电价透明度等维度进行测评。《2019年全球营商环境报告》显示，以迪拜为代表的阿联酋在获取电力方面排名世界首位。我国在这项指标排名由2017

年的第98位上升至第14位,广州"获得电力"所需手续和时间均低于世界银行2018年公布的中国指标数据,分别为5项和71天(见表3)。

表3 与世界银行"获得电力"指标对比

排名	经济体(或城市)	指标			
		手续(数量)	时间(天数)	成本(人均收入百分比)	供电可靠性和电费透明度指数(0—8)
2018年 1	阿拉伯联合酋长国	2	10	0	8
2018年 3	中国香港	3	24	1.3	8
2017年 98	中国	5.5	143.2	356.0	6
2018年 14	中国	3	34	0.0	6
2018年 —	广州	5	71	0.0	—

资料来源:国家层面数据来源于世界银行《2019年全球营商环境报告》(http://www.doingbusiness.org/en/reports/global-reports/doing-business–2019),广州市数据来源于课题组多方调查收集未计算排名。

为改善企业用电环境,广州供电企业进行系列改革。2018年5月,出台了《广州供电局进一步提升供电服务水平 优化电力营商环境实施方案》,细化了《优化电力营商环境实施方案工作指引》,从优化流程、精简资料、扩大投资等七大方面提出26条具体举措,全面开展深化以用电报装为核心的"获得电力"服务改革,各方面成效提升明显。一是业务办理有效提升,截至2018年10月,广州供电局高压业扩业务办理关键环节时长为13.16个工作日,低于国家能源局38个工作日和广东省20个工作日要求。二是业扩报装总时长(从报装申请到送电)明显缩短。其中,高压业扩工单平均总时长52.39天,同比减少61.20%,低于南方电网公司高压接入80天的要求;低压工单平均总时长5.9

天，同比减少 80.52%，容量 100—200 千伏安低压供电完成 39 宗（0.54 万千伏安），平均总时长 5.55 天，都低于南方电网公司低压接入 11 天的要求。三是用电成本大幅下降。受理统建小区申请 118 宗，34.88 万千伏安，纳入延伸范围，客户接电成本大幅下降。2018 年以来，广州供电局累计延伸投资客户外电工程（减少客户成本）约 14.3 亿元。

与先进经济体比较，广州企业用电时间成本仍有改善余地。迪拜只需 2 个步骤便可在 10 天内为顾问和承包商提供最高 150 千瓦（kW）的电力连接。与此相比，广州获取电力需要程序 2 项共 11 天左右，用电时间效率仍可提高。

4. 产权登记：时间和效率较优，还有进一步改善余地

"产权登记"主要反映企业对财产所有权、使用权等产权进行登记，依法确认产权的归属关系，主要从产权转移登记所需程序、产权转移登记所需时间、产权转移登记所需费用、用地管控系统质量等维度进行测评。根据《2019 年全球营商环境报告》，新西兰产权登记排名全球第 1 位，中国大陆地区产权登记排名由 2017 年的第 41 位上升至第 27 位，优于中国香港（第 53 位）。广州"产权登记"所需手续为 5 项，高于世界银行 2018 年公布的中国指标数据，所需时间为 10 天（见表 4）。

表 4 与世界银行"产权登记"指标对比

排名		经济体（或城市）	指标			
			手续（数量）	时间（天数）	成本（财产价值百分比）	土地管理质量指数（0—30）
2018 年	1	新西兰	2	1	0.1	26.5
2018 年	53	中国香港	5	27.5	7.7	27.5

续表

排名	经济体（或城市）	指标			
		手续（数量）	时间（天数）	成本（财产价值百分比）	土地管理质量指数（0—30）
2017年 41	中国	4	19.5	3.4	18.3
2018年 27		3.6	9	4.6	23.7
2018年 —	广州	5	10	4.6	23.7

资料来源：国家层面数据来源于世界银行《2019年全球营商环境报告》（http://www.doingbusiness.org/en/reports/global-reports/doing-business-2019），广州市数据来源于课题组多方调查收集。

近年来，广州国土规划部门为了提升产权登记效率，降低企业和用户成本，积极推进流程改革，降低收费标准。目前，广州产权转移登记所需手续包括申请、受理、审核、登簿、发证5个环节，时间为0.5—30个工作日，只收取登记费和不动产证工本费。积极为企业融资提供服务，财产抵押融资登记只需5个工作日。

与全球先进经济体相比，仍有较大改善余地。新西兰产权登记只需要1天时间，广州距离新西兰标准还有很大差距。在办理产权转移登记过程中，广州还需要买卖双方到办证大厅跑多个窗口现场办理，常常由于办证大厅办证人数众多排长队，为企业及个人带来诸多不便。

5. 企业融资：可获性上升，融资成本仍须进一步降低

"获得信贷"主要反映企业获得信贷支持的法律保护力度及便利程度，主要测评有关信贷的法律基础，信用体系覆盖的范围、途径和质量等，包含"合法权利指数"（衡量法律保护借款人和贷款人并因此而促进贷款的程度）、"信用信息指数"（衡量信贷登记部门的信贷信息覆盖范围，以及信用信息获取的法制保障程

度）等维度。根据《2019年全球营商环境报告》，新西兰"获得信贷"排名全球第1位，中国大陆地区"获得信贷"排名由2017年的第68位下降至第73位，中国香港排名第32位（见表5）。

表5　　　　　　　与世界银行"获得信贷"指标对比

排名	经济体（或城市）	合法权利力度指数（0—12）	信贷信息深度指数（0—8）	信用局覆盖率（成年人百分比）	信贷登记机构覆盖率（成年人百分比）
2018年	1	新西兰	12	8	100.0	0.0
2018年	32	中国香港	8	7	100.0	0.0
2017年	68	中国	4	8	21.4	95.3
2018年	73	中国	4	8	0.0	98.1
2018年	—	广州	—	—	0.0	98.1

资料来源：国家层面数据来源于世界银行《2019年全球营商环境报告》（http://www.doingbusiness.org/en/reports/global-reports/doing-business-2019），广州市数据来源于课题组多方调查收集。

近年来，广州在优化投融资环境、促进金融支持实体经济方面做了大量的工作：国家级绿色金融改革创新试验区落户广州；中证报价系统南方运营中心、国际金融论坛落户广州；科技金融授信贷款金额与备案企业库数量均为全国第一；南沙自贸区成为全国融资租赁"第三极"；广州金融创新服务金融设备制造业领先全国；设立全国规模最大的科技信贷风险补偿资金池等。特别是2017年12月出台的《广州市降低实体经济企业成本实施方案》（穗府〔2017〕21号），从降低税费负担、降低企业融资成本、降低制度性交易成本、降低企业人工成本、降低企业生产要素成本、降低企业物流成本等方面帮助企业减负，全面推行"营改增"，减免或取消行政事业性收费约100项，吸引大批企业在穗创业。2017年,广州直接融资规模迅速扩大,增速高居全国大城市第1位;新增境内外上市公司18家,共151家,总市值2.89万亿元,累计融资超3800亿元;新三板挂牌企业新增116家,累计464家,总市值1168.45亿元,募资总额123.99亿元;广州股交中心新增挂牌、展示企业2452家,共8098家,新增融资及流动交易总额978.67亿元,总额1981.73亿元。

广州在改善企业融资环境上不遗余力,但对标国内外资本发达的先进城市,在中小微企业的融资环境依然有一定差距。相对于香港、深圳而言,广州的风投创投主体缺乏,股权投资机构和资本规模总量不大。作为全国最早探索设立政府引导基金的城市之一,广州早在2010年就设立了创业投资引导资金,也是全国首个区级基金全覆盖的城市之一,但在托管授权、杠杆使用、运作模式、投资决策、管理层激励、存量财政资金积压等方面与深圳相比,存在较大提升空间。大部分中小微企业在天使投资期最需要创新资金,而广州股权投资机构中的天使投资相对薄弱,全国前30名的天使投资机构只有一家在广州市设立分支机构,本地资本很少参与种子期或天使轮投资。

在信贷资金方面,商业银行首先要保证限额控制下信贷资金使用的效益最大化,普遍会上调对中小企业的贷款利率,中小企业想要获得融资,就必须付出更高的还贷成本。调研发现,很多中小企业由于没有较具规模的厂房、设备,很难作为抵押物,银行从贷款安全考虑,一般以机器设备现值的50%、土地价值的50%、房地产价值的70%、流动资产价格的30%—40%作价放贷。在贷款利率方面,银行对中小企业贷款利率一般上浮20%—50%,加上评估费、担保费和其他隐性支出,中小企业的实际融资成本达到12%以上。个别金融机构甚至要求中小企业在办理贷款时必须购买其代理的财产保险、健康保险、医疗保险、人员意外险等,这些附加条件明显提高了广州中小微企业融资成本。比较而言,中小微企业在香港的银行贷款市场化程度较高,融资成本相对较为规范,一般都采取同期限 SHIBOR 上浮 100—200 个基点(BPS)。以 1 年期流动资金贷款为例,香港中小微企业的融资成本大致控制在 6%—7%,抵押物抵押率相对较高,且银行不存在要求企业购买银行理财、保险的情况。广州在这方面与香港差距十分明显。

6. 股东权益保护:法规健全,但中小企业不愿走法律程序

"保护少数投资者"主要反映企业股东权益保护的力度,包含交易透明度、关联交易责任、股东起诉管理层及董事行为不当的能力、投资者保护力度等维度。根据《2019 年全球营商环境报告》,哈萨克斯坦"保护少数投资者"排名全球第 1 位,中国由 2017 年的第 119 位上升至第 64 位,中国香港排名第 11 位(见表 6)。

表6　　　　　与世界银行"保护少数投资者"指标对比

排名		经济体 (或城市)	指标					
			披露程度 指数 (0—10)	董事负责 程度指数 (0—10)	股东诉讼 便利度 指数 (0—10)	股东权利 指数 (0—10)	所有权和 管理控制 指数 (0—10)	公司透明 度指数 (0—10)
2018 年	1	哈萨克斯坦	9	6	9	10	8	9
2018 年	11	中国香港	10	8	9	7	5	8
2017 年	119	中国	10	1	4	3	2	9
2018 年	64		10	1	5	7	4	9
2018 年	—	广州	10	1	5	7	4	9

资料来源:国家层面数据来源于世界银行《2019 年全球营商环境报告》(http://www.doingbusiness.org/en/reports/global-reports/doing-business-2019),广州市数据来源于课题组多方调查收集。

广州对中小投资者利益保护仍须加强。虽然我国法律从公司人格否认制、累积投票制、股东诉讼制度、股东知情权等方面对中小股东、投资者利益予以保护，但依据法律规定进行诉讼时获得预期保护结果并不确定，公司治理的透明度、负责性和诚实性相对较差，大股东滥用其一股独大控制股东地位、侵害公司财产、侵犯中小股东利益的问题屡见不鲜；一些公司屡屡违规，公布虚假信息，严重误导投资者；当发生利益冲突时，中小投资者不能有效监督大股东和管理层，通过诉讼维护合法权益的时间长、成本高；个人信用体系不完善，独立董事的尽责履职仍面临很大挑战。

一些类金融机构打着理财咨询、"互联网＋"的旗号游走在法律灰色地带，有些在隐秘从事非法集资、非法传销、金融诈骗活动，风险隐患极大，整顿打击非常困难，也损害了中小投资者的合法权益。近年来，广州积极做好防范和处置非法集资工作，稳妥有序开展互联网金融风险专项整治工作，规范发展各类交易场所，有效保护中小投资者。打造地方金融风险监测预警平台，成立全国地方政府中第一家专业化的金融风险监测防控机构，为企业发展提供安全有保障的金融环境。此外，广州出台《广州市互联网金融风险专项整治工作实施方案》，成立了互联网金融风险专项整治工作小组。相对而言，香港在保护中小投资者合法权益方面更为规范，对违规行为的监管和处罚力度对违规者形成强大的震慑作用。这些都是值得广州学习和借鉴的地方。

7. 税收优惠政策：有助企业税负降低，但税负水平依然偏重

"纳税"主要反映企业的税收负担，主要从纳税次数、纳税时间、税率等维度予以测度。根据《2019年全球营商环境报告》，中国香港"纳税"指标排名全球第1位，中国内地由2017年的第130位上升至第114位，广州"纳税"指标所需缴纳次数

为每年7次,所需时间为142小时/年,总税收和缴费率为64.9%,报税后流程指数为50.00(见表7)。

表7　　　　　　　与世界银行"纳税"指标对比

排名	经济体(或城市)	指标			
		缴税次数(每年)	时间(小时数/每年)	总税收和缴费率(占利润百分比)	报税后流程指数(0—100)
2018年 1	中国香港	3	34.5	22.9	98.85
2017年 130	中国	9	207	67.3	49.08
2018年 114		7	142	64.9	50.00
2018年 —	广州	7	142	64.9	50.00

资料来源:国家层面数据来源于世界银行《2019年全球营商环境报告》(http://www.doingbusiness.org/en/reports/global-reports/doing-business–2019),广州市数据来源于课题组多方调查收集。

近年来,国家实施减轻税费的政策为企业减负,广州市也对税收环境进行了优化,包括市、区两级政府制定企业税收优惠、返还等政策,对企业研发费用在纳税额中扣除、高新技术企业减税等。据统计,2017年度广州全市享受高新技术企业低税率企业所得税税收优惠政策的企业户数较上年度增长23.53%,减免税额近63亿元,增长30.31%;享受研发费加计扣除企业所得税税收优惠政策的企业户数较上年度增长121%,加计扣除金额229亿元,较上年度增长77%,其中约6100户企业享受了2017年最新出台的科技型中小企业研发费加计扣除优惠政策,加计扣除100亿元。广州市税务部门对进一步扩大小型微利企业所得税优惠政策范围、提高研究开发费用税前加计扣除比例、延长高新技术企业和科技型中小企业亏损结转年限等国务院七项减税措施宣传辅导、全链条跟踪落实。据广州市税务部门统计,2018年上半年，税务部门累计减免各项税收877.1亿元（全口径）。

对于财税压力，政府性基金、行政事业性收费也是小微企业要承担的重要成本。据了解，为减轻企业的人力成本压力，广州市落实阶段性降低职工社会医疗保险费率新政策，实施工伤保险八档差别基准费率新政策，执行失业保险费率浮动费率。据统计，2018年1月1日至9月30日，广州市医疗保险减负33.71亿元，工伤保险减负2.41亿元，失业保险减负15.64亿元，合计51.76亿元。2018年11月8日，广州市人社局发布的《关于阶段性降低职工社会医疗保险缴费率的通知（公开征求意见稿）》中进一步提出，用人单位的职工社会医疗保险缴费率从8%降低为6.5%。

政府对外贸企业出口退税的支持是一项重要的优化营商环境的举措。国务院常务会议要求将办理退税时间从13个工作日缩短至10个工作日。目前，广州出口退税平均办理时间已缩短至9个工作日，提前达到国家要求。

"税链"是广州税务与新型互联网数据库技术结合的尝试之一。广州市税务局是全国首批优化税收营商环境试点单位，不仅在压缩办税时间、提高办税便捷程度上先行先试，还在区块链办税、无纸化办税、"云缴税"等智慧服务上创新突破。2018年6月14日，全国首个电子发票区块链平台"税链"在黄埔区、广州开发区上线，广州燃气集团有限公司开出首张"上链"发票，实现全国首张电子发票上区块链存储和流转。

对比阿拉伯联合酋长国、中国香港等国家或地区，广州每年纳税次数多，达到9次，比中国香港多6次；花费时间长，共需207个小时，比中国香港多172.5个小时；税收占比大，达到67.3%，高于世界银行2018年公布的中国指标数据（64.9%），比中国香港高44.4个百分点。全市税收优惠政策力度不大，优惠政策吸引力仍有不足。

8. 贸易便利化：改革进展明显，但通关效率和费用仍能优化

"跨境贸易"主要反映企业进出口的便利程度和成本高低，主要测评进口出口的报关单审查时间、通关时间、报关单审查费用、通关费用等。根据《2019年全球营商环境报告》，奥地利等经济体①"跨境贸易"排名全球第1位，中国排名由2017年的第97位上升至第65位，中国香港排名第27位。广州办理出口程序所需时间均低于世界银行2018年公布的中国指标数据，办理进口程序所需时间均高于世界银行2018年公布的中国指标数据。除单证合规的出口成本高于世界银行2018年公布的中国指标数据外，其余均低于世界银行2018年公布的中国指标数据（见表8）。

表8　　　　　　　与世界银行"跨境贸易"指标②对比

排名	经济体（或城市）	指标							
		出口时间单证合规（小时）	出口时间边界合规（小时）	出口成本单证合规（美元）	出口成本边界合规（美元）	进口时间单证合规（小时）	进口时间边界合规（小时）	进口成本单证合规（美元）	进口成本边界合规（美元）
2018年	1	奥地利等	1	0	0	0	1	0	0	0
2018年	27	中国香港	1	1	12	0	1	19	57	266
2017年	97	中国	21.2	25.9	84.6	484.1	65.7	92.3	170.9	745
2018年	65		8.6	25.9	73.6	314	24	48	122.3	326
2018年	—	广州	2.9	5.1	140.07	94.97	25.7	63.8	65.75	251.3

资料来源：国家层面数据来源于世界银行《2019年全球营商环境报告》（http://www.doingbusiness.org/en/reports/global-reports/doing-business-2019），广州市数据来源于课题组多方调查收集。

---

① "跨境贸易"指标排名全球第一的国家为：奥地利、比利时、克罗地亚、捷克共和国、丹麦、法国、匈牙利、意大利、卢森堡、荷兰、波兰、葡萄牙、罗马尼亚、斯洛伐克共和国、斯洛文尼亚、西班牙。

② "跨境贸易"指标中，广州市进出口所需成本按9月平均汇率6.8445进行换算。

近年来，广州率先在全国推出"单一窗口""互联网+易通关""智检口岸"和"智慧海事"等多项改革创新成果，提升贸易便利化；率先建立出口商品全球质量溯源体系，"线上海关"在全国率先实现企业注册登记全程无纸化自助办理；国际贸易"单一窗口"率先实现与国家质检总局全国检验检疫无纸化系统无缝对接，口岸通过时效评估系统在全省复制推广，推动船舶通关时间缩短1/2，人工成本减低2/3。南沙自贸区试点"线上海关"改革，将原来需要企业到海关现场办理的通关事项迁到"线上"，涵盖查验、征税、放行、注册备案等业务，货物通关时间压缩0.8—5.4个小时，企业办事效率提升80%以上。

广州在改善贸易便利化方面也进展明显，但与香港、深圳等城市相比在通关、检验、投资等方面尚有较大差距。例如，在跨界贸易配套环境方面，广州不仅国际航线较少，通航频率较低，而且在货代、仓库、物流等方面存在较大差距。在成本方面，深圳对于从事跨境贸易的企业均有一定补贴，重点支持跨境电商行业发展，企业可通过申报获得补助，而广州这方面的政府补助相对较少。根据世界银行《2019年全球营商环境报告》，企业在香港从事跨境贸易的单证、通关、检验等方面的费用要少于内地城市，甚至在出口检验方面费用为零，广州与之相比存在较大差距。在通关效率方面，根据南沙口岸工作办提供数据，企业在南沙二期、三期码头出口货物所耗时间已接近香港，出口边检时间甚至要快于香港，但货物进口时间较慢，进口通关效率与香港相比存在明显差距。调研发现，一些企业从黄埔老港转关到广州保税区程序烦琐，时间长，物流成本高，且由于物流园区系统经常发生故障，导致无法正常报单和审单。

发生问题时，企业不清楚找哪个部门对接，影响了通关效率，增加了企业成本。作为国际贸易的参与主体，企业应当是贸易便利化的最大受益者，但从调研结果看，有相当部分的企业对贸易便利化政策措施不甚了解，部分企业不清楚预归类和预裁定的要求与期限，不了解通关过程中的特殊情况和程序，以及通关过程中的收费情况，企业知晓率和参与度有待进一步提升。此外，企业普遍认为国内口岸部门的合作主要存在数据不能共享、单证不能互认、互相推诿扯皮等问题。

9. 合同执行：成本低于先进经济体，执行效率较高

"合同执行"反映合同执行的效率，主要测评企业间案件从原告向法院提交诉讼，到最终获得解决所花费的时间、费用和步骤，包含时间（解决争端所需时间，即从原告提起诉讼到实际解决期间的时间，包括采取行动的天数和等待时间）、全球成本（法院费用和辩护律师费占债务总值的比例）、程序（执行合同平均所需办理的手续数量）3个维度。根据《2019年全球营商环境报告》，新加坡合同执行单项排名全球第1位，中国内地由2017年的第5位下降至第6位，优于中国香港（居第30位）。在三项衡量指标中，我国合同执行成本相对较低，甚至比中国香港低7.4个百分点；解决商业纠纷的时间要远远长于新加坡和中国香港，解决商务纠纷的效率还有进一步提升的空间。合同执行时间和司法程序主要依据国家法律法规，广州合同执行的整体成本和效率与世界银行2018年公布的中国指标数据基本吻合："执行合同"所需时间为496.3天，成本为16.2%（见表9）。

表9　　　　　　　与世界银行"执行合同"指标对比

排名		经济体 (或城市)	指标		
			时间(天数)	成本(索赔额百分比)	司法程序质量指数(0—18)
2018年	1	新加坡	164	25.8	15.5
2018年	30	中国香港	385	23.6	10.0
2017年	5	中国	496	16.2	15.1
2018年	6		496.3	16.2	15.5
2018年	—	广州	496.3	16.2	—

资料来源：国家层面数据来源于世界银行《2019年全球营商环境报告》（http://www.doingbusiness.org/en/reports/global-reports/doing-business-2019），广州市数据来源于课题组多方调查收集。

10. 办理破产：程序门槛较高，畅顺退出通道任重道远

"办理破产"指标反映破产程序的时间和成本，以及破产法规中存在的程序障碍，包含时间（关闭企业平均所需时间）、成本（办理破产手续平均所需成本占财产总值的比例）、回收率（债权人、税务部门和雇员从破产企业收回的款项占其投入的比重）以及破产法律框架的保护指数4个维度。根据《2019年全球营商环境报告》，日本在办理破产专项指标排名全球第1位，中国由2017年的第56位下降至第61位，中国香港排在第44位（见表10）。

表10　　　　　　　与世界银行"办理破产"指标对比

排名		经济体 (或城市)	指标			
			时间(年数)	成本(资产价值百分比)	回收率(百分比)	破产框架力度指数(0—16)
2018年	1	日本	0.6	4.2	92.4	14
2018年	44	中国香港	0.8	5.0	87.2	6.0

续表

排名		经济体 （或城市）	指标			
			时间 （年数）	成本 （资产价值 百分比）	回收率 （百分比）	破产框架力度 指数（0—16）
2017年	56	中国	1.7	22.0	36.9	11.5
2018年	61		1.7	22.0	36.9	11.5
2018年	—	广州	1.7	22.0	36.9	11.5

资料来源：国家层面数据来源于世界银行《2019年全球营商环境报告》（http：//www.doingbusiness.org/en/reports/global-reports/doing-business-2019），广州市数据来源于课题组多方调查收集。

广州在深化商事登记改革的过程中，对企业简易注销做出明确的要求：一方面，降低市场主体退出成本，对长期停业未经营企业依法批量吊销；另一方面，在广东政务服务网上的企业注销流程已接入全国企业信用信息公示系统，企业用户可网上办理注销和营业执照作废声明。据天河区商务和金融工作局介绍，天河区自2017年实行"简易注销"程序以来，对满足条件的未开业企业可省去清算组备案、公告等环节，直接进行注销，已有1398家企业通过该程序快速退出市场。

现行的制度框架体系下，我国企业办理破产的时间较长，成本较高，且回收率比较低，分别需要1.7年、22.0%，回收率只有36.9%，远低于日本的92.4%和中国香港的87.2%，提高办理破产效率任重道远。

广州优化营商环境面临的问题及原因

一 改革创新碎片化，跨部门跨区域协同不到位

部门和区域间条块分割、信息不对称的情况较为常见，各部门、各区之间数据格式不一，工作流程不统一，服务标准不一致，导致企业办事要"跑多次""跑多部门"，影响办事效率，企业感受较差。目前，广州在全程电子化商事登记、"多证合一"、"证照分离"等方面的改革已经取得积极进展，商事登记效率大大提高，但其他部门的监管未完全配套整合。比如，实施"一址多照"大大激发了投资创业热情，但实践中由于部门间的政策未配套、未同步，导致发生准入易、准营难的情况。在推行CEPA协议中，对港澳等地区的服务业也存在"一线放开，二线严管"现象，企业反映注册容易，但注册后其他流程仍存在部门不认可、办理不规范或者无主管部门负责等，导致表面准入，实则经营无法落地。多家企业反映，"一窗式受理"办事过程中遇到过窗口与审批部门指引不一致的情况，不同区在同样事项办理过程中对资料要求、办理流程和时限也存在不一致的情况。

二 改革创新精细化不够，管理服务水平有待提高

"一窗通办"和"快捷通道"为广州商事登记提速，但仍有个别环节让企业申办人存在疑虑。有企业反映，"一次搞掂"的前提是企业准备的资料精准无误，希望能有相关职能部门一次性把问题反馈清楚，避免出现因提供资料不合格而导致企业反复跑的现象。也有企业反映，虽然一些许可事项比以前的流程简化了很多，但是政府网站公示办理流程和资料不够细致周密，会遗漏一些细节说明。不同办事窗口的工作人员或者同一服务窗口的工作人员，对标准规范的了解程度不一，有些存在理解偏差导致对同一事项办理服务口径不一，企业"只跑一次"变成往返跑。不少企业评价现在"门好进"，但"事还是不好办"，服务不能从企业角度出发，精准对接企业需求，不同程度存在"等企业求服务"的心态。

三 改革攻坚锐气不足，奖励扶持政策执行随意性大

有企业反映，尽管已实行网上自主核名，但其可选择范围不够宽，手续较为烦琐，存在可选择名字与其业务难以完全匹配等问题。有企业反映，广州对风险的把控相对比较严格，多头监管的情况使得不同监管部门对同一件企业经营事务有不同监管意见，导致企业左右为难。有企业提出，有些政策出台缺乏仔细调研，随意性较大，有些则缺乏具体落地实施细则，让企业感觉到

政策稳定性和兑现性较差。还有一些对企业的奖励政策，出台后从来没有兑现或者奖励过，后来就不了了之。

四 重点企业被关注度高，服务扶持中小企业不够

企业普遍感觉，政府对重点企业、大企业的服务比较到位，但普惠性的服务特别是面向中小企业的办理效率还未最优化。富士康项目落户广州只用50天，引起社会的广泛热议和赞赏，成为宣传营商环境的杰出案例。相比之下，广州各级政府对小型企业的扶持力度较小，尤其是对刚起步创业者的帮扶不够，对具有创新能力与核心技术的企业扶持力度须加强。企业普遍反映，享受政府补贴的"门槛太高"，由于补贴建立在企业的纳税贡献上，真正需要扶持的初创企业、小微企业很难享受政府补贴。

五 生产要素供给能力不足，市场主体"壮大"不易

企业反映中小企业获得银行贷款较难，对于"新三板"企业的支持政策少，政府只是在企业上市前有辅导，但上市后没有跟进的扶持措施，降低了企业积极性。广州工业用地指标紧缺，虽然发布了《广州市人民政府关于建设工程项目审批制度改革的实施意见》等政策，但土地"集约化"利用有待改善。一些大企业特别是国企反映突出的问题是土地供给不足，企业想要进一步发展壮大，扩大自身产能，但受限于用地规模，业务无法进一步拓展，不得不将部分业务搬迁到外地。广州目前的人才政策很难

在高端人才抢夺战中脱颖而出,缺乏对产业人才的系统性引进。广州人才绿卡政策仍存在落地难、兑现难的问题,办理手续较为烦琐。外籍人士在办理工作签证延期时,存在手续繁杂缓慢、跨境银行服务不便利、税收优惠待改进、政策不配套等问题。

广州优化营商环境的对策与建议

一 以深化改革为主线促进广州营商环境优化

1. 进一步推进商事制度改革，提升开办企业便利化水平

重点清理创新创业、生产经营、社会事业准入、高技术服务、年检年审等领域行政职权事项，清理减少商事制度改革的后置审批事项，放宽新兴行业市场准入管制。进一步将"证照分离"分类改革后的备案类、信息采集类、公示类事项纳入"多证合一"改革，以"减证"推动"简证"。对商事登记后置审批事项的审批方式进行分类改革，完善商事登记前置、后置审批事项目录管理，实行动态调整机制，推动"准入"和"准营"同步提速。在全市推广"人工智能+机器人"全程电子化商事登记改革，建立与其他部门共享的大数据信息采集、共享和合作应用机制，实现全覆盖所有主体类型、所有登记业务、所有预设功能全应用，协调税务、公安部门实行共享，提升广州商事登记办理效率和便利化程度的同时，形成工商部门信息与社会涉企信息交互融合的大数据资源，构建商事主体信用监管大数据模型，实现科学化、精细化的市场监管模式。复制推广南沙试点经验，将上市登记服务延伸至港澳台等地

区,实现商事登记离岸受理及远程办理,境外投资者可"足不出境、智能办照",为吸引外商投资企业提供便利。

2. 大力推进项目审批制度改革,提升施工许可审批效率

大力推行分类审批,对于不同项目类型采取不同的审批流程。推进审批流程再造,整合归并审批流程,每个环节由一个牵头部门负责。取消总体设计文件征询,设计文件审查环节仅保留施工图设计文件审查,采取多评合一、多审合一、多图联审、同步审批等审批模式。切实加强对审批流程的梳理、分析,对于可不需要的审批环节应坚决取消。深入推行"告知承诺制""容缺受理"机制,推行"联合验收机制"。大力度推进政府投资重点项目审批改革,对政府投资项目试行容缺受理、函注先行,建立快速推进机制。

3. 抓紧信用体系建设,切实保护中小投资者合法权益

完善国家企业信用信息公示系统建设,加大全市政府部门涉企信息统一归集公示工作力度,推动统一社会信用代码在各许可节点"一码贯通"。加强经营异常名录和严重违法失信企业名单的管理,加强信息公示、信息共享、协同监管和联合惩戒,建立以企业信用监管为核心的市场监管机制,对企业、大股东、管理人员侵犯中小投资者合法权益的行为纳入征信系统。培育企业与社会公众诚信意识,营造褒扬守信的良好氛围,创新保护中小投资者合法权益的法律法规执行方式,推动小投资者联合起来共同维护自身权利。

二 以高标准服务供给促进广州营商环境优化

1. 推行"智慧服务",提升电力供应的速度和可靠性

不断精简申请资料,优化现场勘查,简化竣工检验,实现用

电申请"零资料"、电源接入"零条件"、低压业扩"零往返"、中间环节"零验收",最大限度减少客户临柜次数,节约客户成本。推行"1+N"综合能源服务,着力为企业提供安全经济供电方案的同时,按需提供能效诊断、节能改造、运行托管等"N"个能源增值服务。深化应用"互联网+服务",全面推行线上办电,加快业务办理速度;建立用电全流程实时监控平台,实现用电全过程管控;优化电网结构,提升电网装备技术水平,持续提高电网的安全性和灵活性。

2. 创新产权登记服务模式,大幅提升便利水平,降低成本

全面推广不动产登记实施"一口受理、内部流转、并联审批、统一时限",即由受理窗口统一收件后,房屋状况查询限购审核、税收征管和不动产登记等行政行为内部流转,并提供EMS快递服务,将各类登记的办理时限统一调整为当日和五个工作日办结两种类型。开展网上申请不动产登记服务,房管、税务、登记部门通过数据共享互认协同办理,办理工作进度将通过网上政务大厅全程公开,预约、预审结果主动推送,对网上提交申请材料并且通过预审的,在网上或现场缴纳登记费和税收后,进入综合受理窗口绿色通道,经现场核对资料后直接领证,实现最多跑一次大厅。业务量较大且类型相对单一的金融机构、房地产开发企业,设立专门网络通道,实现"不见面审批"。

3. 多策并举优化纳税服务,切实有效降低企业税费负担

积极争取南沙自贸区享有与前海、横琴同等的税收优惠政策,贯彻国家出台的支持小微企业发展、鼓励创新创业、加快转型升级、支持高新技术产业发展等一系列税收优惠政策,简化办理程序,优化纳税服务,保障各项税收政策落实到位。将"营改增"范围扩大到生活服务业、建筑业、房地产业、金融业等领

域，全面打通企业抵扣链条，实行不动产进项税抵扣，增加企业增值税进项抵扣。落实国家降低制造业增值税税负政策，简并增值税税率等措施，服务制造业企业发展。简并优化增值税、消费税、企业所得税等税种申报表，较大幅度精简表单填表，缩减纳税人申报纳税准备时间。大力推行网上办税、就近办税，推行包括五大类129个办税事项的"最多跑一次"清单，最大限度减少纳税人到办税服务厅次数，逐步推广网上银行、手机银行等多元化缴纳方式，实现纳税人申报、缴税、发票领用和代开、证明开具、税收优惠办理等绝大部分涉税事项网上办理。把握"互联网+"趋势，加快大数据运用，建立涉税大数据信息平台，搭建税收大数据库，完善跨部门协作交流和信息共享机制，加强源头控管，堵塞税收漏洞，提高对税收基础信息数据和动态变化的综合分析与预测研判能力，为经济和社会发展提供预警功能和财政决策服务。

4. 以智能化通关建设为重点，提高国际贸易便利化水平

实现"一次申报、一次查验、一次放行"，推动口岸管理相关部门各作业系统的横向互联，建立健全信息共享共用机制。实现报关业务"零限制""零耗时""零跑动""零成本"，实现企业便利通关。强化跨部门、跨地区通关协作，加快推进一体化通关管理，实现在货物进出口岸或申报人所在地海关和检验检疫机构均可办理全部报关报检手续。深入实施口岸通关无纸化和许可证联网核查核销，推广检验检疫"电子证书"。通过舱单、报关单申报数据共享，借助GPS、安全智能锁等"物联网"管理手段，实现不同港区之间调拨作业由人工审核改为自动验核。创新通关模式，推进建设统一高效、与港澳联动的口岸监管机制，加快研究推进粤港、粤澳之间信息互换、监管互认、执法互助。完

善新型贸易业态监管模式，允许对跨境电商货物采取"先进区，后报关"方式，对电商网购保税进口按照"提前备案、保税监管、分类审核、清单核放、汇总申报"方式，对电商特殊区域出口采取"暂存入区、区内监管、批量出区、集中报关"方式实施监管。清理和规范进出口环节收费，对依法合规设立的进出口环节行政事业性收费、政府性基金以及实施政府定价或指导价的经营服务性收费实行目录清单管理并对社会公开，未列入清单的一律按乱收费查处。

三 以高质量要素供给促进广州营商环境优化

1. 加大本地人才培育，着力引进高端人才

大力扶持重点高校，提升全球影响力，坚持"不求所属，力求所在"原则，促进部属、省属高校在本地研究能力的不断提升；抓住"双一流"建设契机，重点扶持若干所高水平大学和一批优势学科，率先进入世界一流行列或前列。围绕国家、本地急需的自然科学与工程科学类专业建设，引进国外优质资源，鼓励境外一流高校来穗合作办学。鼓励职业院校联合企业与境外高水平院校开展合作办学。支持学校探索开展境外办学，支持社会力量举办高水平高校，推进高校办学主体和发展模式多样化。加大人才政策的优惠力度和可操作性，依托国家及省、市重大科技项目，分层次引进科技创新领军人物和创新团队；建立与国际规则接轨的高层次人才招聘、薪酬、考核、社会保障等制度，设立高端人才引才专项资金，把目光瞄准"两院院士"、国内外领先、行业领先的专家学者等高端人才，着力打造人才向往、人才集聚

的"粤港澳湾区人才高地"。

2. 优化土地供应结构，进一步提升土地利用效率

加大对"存量土地"的整合力度，进一步建立健全土地资源节约集约利用评价考核体系和奖惩机制。摸查各种工业园区、工业集聚区、工业集中区等的土地使用现状，了解各企业的产业属性，对于不符合相关产业发展政策的企业用地，可采取政府赎买、企业赎买等经济方式或者法律手段重新调整。提高土地利用率，项目容积率高于工业项目社会平均容积率的，优先按规定减收市政公用基础设施配套费；支持企业合法利用现有厂区和厂房进行改扩建，适当提高厂房容积率。对于原制造业企业利用存量房产从事研发设计、科技成果转化、信息技术服务、软件研发、知识产权服务等经营服务的，允许在一定期限的过渡期内继续按原用途和土地权利类型使用土地。

3. 鼓励企业多种方式融资，推动降低企业融资成本

加大对拟上市企业和培育机构的储备、改制、辅导和培训支持力度，鼓励企业到广州股权交易中心挂牌，对在广州股权交易中心挂牌并接受培训咨询、登记托管、债券融资、场外投行等资本市场培育服务的企业给予一次性补贴。扩大债务融资工具发行，发展适合大中小各类企业的多样化债券品种体系，制定促进天使投资发展的政策举措，积极探索投贷联动，带动信贷资金进入科技创新创业企业，切实提升金融支持创新发展举措的可操作性和"含金量"。通过开发知识产权、企业无形资产和著作权等质押方式，解决科技企业普遍缺失抵质押物的问题，支持大量初创型、缺乏固定资产却具备核心创新能力和服务能力的科技型企业在发展初期获得资金。落实对支持小微企业满足一定要求的金融机构实施的定向降准措施，发挥再贴现结构调整功能。引导银

行业金融机构改进贷款管理,在守住风险底线的基础上,合理提高无还本续贷业务在小微企业贷款中的比重。开展小微企业信贷政策导向评估,推动评估结果在地方政府风险补偿金、财税奖补等政策中的运用,积极支持小微企业信贷需求。依托南沙自贸区,推动金融机构研究开发跨境人民币金融创新产品,支持区内企业在跨境融资上限内自主开展本外币跨境融资,助力金融服务实体经济。

四 以打造完善市场体系为目标促进广州营商环境优化

1. 全面实施市场准入负面清单管理,维护公平竞争秩序

完善并全面实施市场准入负面清单,负面清单以外不得对市场主体施加限制及各种隐性壁垒;建立负面清单动态调整机制,定期对清单进行调整;支持各种所有制企业公平享受各项企业扶持政策,公平获取各类社会资源,公平参与各类重大项目。全面实行准入前国民待遇加负面清单,负面清单以外的外商投资备案办理时限压缩至1个工作日内。在南沙自贸区,放开养老、建筑设计、会计审计等外资准入限制,争取在金融、电信、先进制造等领域对外开放有新突破,放宽港澳专业人士执业许可。

2. 以创新纠纷解决方式为切入点,优化法治化营商环境

借助互联网,推广"在线"模式,推动建立集在线调解、在线立案、在线司法确认、在线评议、在线审判、电子送达等于一体的信息平台,促进多元化纠纷解决机制的信息化发展。强化司法对营商环境优化的保障,加快落实广东省《关于为优化营商环境提供司法保障的实施意见》,推动形成平等有序、充满活力的

法治化营商环境。引进国际知识产权先进经验和做法，加快推动中新广州知识城知识产权运用和保护综合改革试验取得实质性突破，建立重点产业、重点专业市场和重点企业知识产权保护机制；争取建设国家知识产权快速维权中心，建立知识产权涉外应对和援助机制，实行最严格的知识产权保护制度，保证各类高端资源在广州的知识产权安全。

3. 优化企业注销破产程序，提升破产回收率

全面推行企业简易注销登记改革。在坚持"便捷高效、公开透明、控制风险"的基础上，对未开业企业和无债权债务企业实行简易注销登记程序，进一步优化登记流程，创新登记方式，提高登记效率，降低企业退出成本，实现企业退市便利化。完善破产企业识别机制和破产程序启动机制，加强广州中院清算与破产审判庭建设，推动完善破产重整、和解制度，探索设立破产基金，妥善处理职工安置和利益保障问题。

（广州市社会科学院尹涛、柳立子、刘帷韬、丁树撰写）

部门改革篇

　　广州市各市直有关部门积极贯彻中央和省市党委、政府的决策部署，结合部门职能，出台改革相关政策，优化提升广州市现代化国际化营商环境。市工商行政管理局围绕"宽进严管"为核心，推行"一址多照、一照多址"，并探索"证照分离"制度，进一步降低企业注册登记门槛；建立"推送、反馈"机制管理平台，实现"大数据"信息交互，提高监管效能；推进"双随机、一公开"监管，减少重复检查。市地方税务局加紧落实减税降费，提高征管效能，推出便民利企促发展33条措施；从"简流程、助新业、防风险、新渠道"四个方面充分发挥出口退税，促进外贸经济发展，并推出"云缴税"电子平台，为企业减轻负担。市政务管理办公室经过科学的机构设置和职能调整，基本建成"两级政府、三级管理、四级网络"的政务服务体系，实现"一窗式"综合受理集成服务升级，推进"简政强区"等一系列重要改革，通过整合话务资源，以广州12345政府服务热线为载体建立政务投诉举报平台。市金融工作局发布关于支持绿色金融改革创新试验区的10项举措，支持金融机构做大做强,鼓励金融创新,集聚高层次金融人才;推进中小微企业征信系统和融资对接平台建设,建立金融风险监测防控中心,利于企业安全融资。市人力资源和社会保障局主抓 IAB、NEM 产业高端人才集聚,发放人才绿卡 4000 多张;全市建成 6 个国家级高技能人才培训基地,8 个国家级技能大师工作室;建立"粤港澳(国际)青年创新工场",推进粤港澳服务执业资格互认;出台"岭南英杰工程",培养国际、国内领先水平的科技人才。市交通委员会报告指出,广州市白云机场已实现航班通达全球 45 个国家和地区,航线网络覆盖全球五大洲;广州港已形成以南沙港区为龙头,新沙、黄埔等港区为辅助的集疏运格局;铁路方面形成"三主一辅"客运格局;城市路网基本形成"二环+十五线"高速公路的主骨架网络。

本篇从部门工作成效、存在的问题以及对营商环境优化的建议 3 个方面入手,选择介绍市工商行政管理局、市税务局、市政务管理办公室、市金融工作局、市人力资源和社会保障局、市交通委员会 6 个市直部门的改革经验,以期对营商环境优化的探索提供新思路。

市工商行政管理局：广州持续推进商事制度改革的对策建议

一 广州市商事制度改革概况

商事制度是规范市场主体和商事活动的制度安排与政策规定，是市场经济健康运行的基础性制度。长期以来，我国在工商登记实践中逐渐形成以"营业执照"制度为中心的登记制度，形成"重准入、轻监管"的管理模式，也造成企业准入过程中面临重重审批关卡。无论是立法机关还是登记机关都试图寻找解决该种登记制度与现代市场经济发展客观规律的矛盾。

广州是全国首个全面实施商事制度改革的国家中心城市。制度改革围绕"宽进严管"的核心任务，以信息化、智能化为抓手，以完善制度设计、降低准入门槛、推进平台建设、强化后续监管为重点，出台一系列改革举措，营造国际化法治化便利化营商环境。

广州市商事制度改革的基本做法和主要成效如下：

1. 加强顶层设计，构建改革体制机制框架

成立广州市商事登记制度改革工作联席会议，办公室设在市工商局，搭建起统筹推进改革的组织领导架构。出台政府规章

《广州市商事登记暂行办法》等改革框架性文件,构建改革的顶层设计、整体规划和制度依据。

2. 持续简政放权,降低市场准入门槛

一是实施"先照后证"改革。启动商事登记前置审批事项清理压减工作,同步建立商事主体资格和经营资格相对分离的商事登记制度。商事主体资格登记与经营资格许可各自独立存在,大幅压减了企业设立登记的时间和成本。

二是实施企业名称登记制度改革。出台《广州市企业名称自主申报登记管理试行办法》,同步上线广州市企业名称自主申报系统,将企业名称核准制改为自主申报制,申请人可通过企业名称自主申报系统进行企业名称自主查询、比对、判断、申报,经申报系统检查通过后即可使用,有效解决企业起名难的问题。

三是实施注册资本登记制度改革。将注册资本实缴制改为认缴制,同时取消注册资本最低限额,登记机关将商事主体认缴注册资本情况向公众公示。这降低了创立企业的资金成本,提高了资金使用效率。

四是放宽经营场所条件限制。简化登记手续,推行"一址多照""一照多址",放宽特定区域、特定行业的经营场地要求,进一步降低场地登记门槛。

五是实施"多证合一、一照一码"登记制度改革。申请人只需向工商部门申领营业执照,且不需缴纳任何费用,极大缩短了企业预备经营的时间,降低了创业投资的制度性成本。

六是探索"证照分离"改革。在广州开发区、南沙开发区、增城开发区,对130个商事登记后置许可审批事项进行分类改革,取消许可5项,改为备案2项,实行承诺告知21项,优化准营管理 102 项，推动"照后减证"和"准入""准营"同步提速。

3. 着力优化服务，提升商事登记水平

一是推进商事登记便利化改革。在全国首创营业执照二维码标识，方便获取商事主体信用信息。同时，上线"具体经营项目生成器"，方便申请人快速准确地自主选择经营范围；上线广州工商"百事通"网上查询和答疑系统，公布工商部门权责清单。发放符合工商总局统一技术标准的电子营业执照，实现电子营业执照全流程自动化发放及公示。

二是拓宽商事登记渠道。下放登记事项，方便申请人就近办理设立登记业务。市工商局与相关商业银行合作上线"银商通"系统，由商业银行网点为申请人无偿代办工商登记服务。全国首创"人工智能+机器人"全程电子化商事登记，推动商事登记迈向智能化无人审批新时代，实现商事登记"免预约""零见面""全天候""无纸化"即时办理。分步推进外资商事服务"跨境通"，提供"足不入境"的商事登记服务。

三是推进开办企业全过程全面提速。推动开办企业时间再压缩，企业群众办事体验再提升。加强信息化统筹衔接，贯通开办企业各环节数据流转全过程。同步加强开办企业各环节核查督办、评议通报，将全市开办企业时间压减至 4 个工作日内。

四是实施简易注销登记改革。对未开业企业和无债权债务企业实行简易注销登记程序，完善市场快速退出机制，加大"僵尸企业"清理力度，促进优胜劣汰和产业转型升级。

4. 注重放管结合，维护公平竞争市场环境

一是加强协同监管，搭建全市统一的商事登记管理信息平台。通过管理平台"推送、反馈"机制，实现全市登记、许

可、监管部门涉企"大数据"信息交互、监管协同，较好解决了事中事后监管部门间的"信息孤岛"问题，切实提高监管效能。

二是创新监管方式，推进全市"双随机、一公开"监管。建设上线广州市"双随机、一公开"综合监管平台，建立"一单两库一细则"（随机抽查事项清单，市场主体名录库、执法检查人员名录库，抽查工作细则），有效减少重复、多头检查。

三是强化信用约束，探索构建市场监管新机制。强化涉企信息归集共享公示，在全国率先实现商事主体相关信息"大数据"共享与公示，为全国企业信用信息公示系统建设提供了经验。按照"一网归集、全国公示"的要求，在"全国一张网"（广州节点）归集公示各类涉企信息，进一步凸显信用机制在经济运行和市场监管中的基础性作用，"一处违法、处处受限"效果逐步显现。

广州市自2014年1月全面实施商事制度改革以来，出台一系列"宽进严管"改革创新举措，提升了营商环境生产力。截至2018年9月底，全市实有市场主体200.13万户，其中企业占比超过50%。与改革相配套、相适应的事中事后监管体系基本建立，改革取得阶段性成效。

二 广州市商事制度改革的目标任务

（一）广州市商事制度改革的主要目标

一是实现社会资源的优化配置，改变企业登记与前置审批相互渗透的登记模式，充分发挥市场机制的基础性作用。二是实现政府职能的根本转变，坚持以商事主体和市场为导向。三是实现行政效能的整体提升,按照"谁许可,谁监管,谁负责"及"宽进严管"的原则,明确各部门登记与监管职责。四是实现社会信用体系的全面建立,加强商事主体信用制度建设,形成有效的市场约束。

(二)广州市商事制度改革的主要任务

一是实行工商登记注册与经营项目审批相分离的登记制度,改革"先证后照"制度,实行"先照后证"。二是实行注册资本认缴登记制度,"零首付"领取营业执照。三是实行住所登记与经营场所备案制度,允许"一址多照""一照多址"。四是取消营业执照年度检验和验照制度,实行年度报告制度,并向社会公示。五是实行商事主体经营异常名录制度,将不按规定提交年度报告、未在核准住所开展经营活动、未按规定公示相关信息等商事主体载入经营异常名录,并向社会公示。六是构建统一的商事登记管理信息平台和商事主体信息公示平台。七是推行"多证合一、一照一码"登记制度改革。八是探索全程电子化登记管理。

三 广州市商事制度改革存在的问题和困难

(一)市场准入方面

一是对比北京、上海、深圳,广州市市场主体总量、企业占比仍有差距。二是开办企业全链条改革中涉及税务部门的数据信息,在市层面无法直接对接,影响了实时共享时效。三是各级登记窗口超负荷运作,全程电子化商事登记使用率偏低。

（二）许可准营方面

各种工商登记的后置许可审批涉及部门多、范围广，办理门槛高、程序繁、时间长，给企业生产经营和生存发展带来较高的制度性成本。解决企业"办证多、办证难""准入容易准营难"问题，成为今后商事制度改革的重点之一。

（三）事中事后监管方面

一是部门监管力度有待加强，未能按照"谁审批、谁监管；谁主管、谁监管"的原则主动落实监管责任。二是国家和省对应纳入"双随机、一公开"监管工作的部门范围不明确，个别部门不参与"双随机、一公开"监管工作。三是大幅放宽市场准入后，提交虚假身份证件、虚假签名、利用虚假经营地址骗取注册登记等问题随之增多，给事中事后监管提出新的挑战。

（四）法律保障和问责风险方面

一是相关法律法规的立改废相对滞后。二是与改革相配套的问责机制须进一步完善。

四 进一步深化广州市商事制度改革的对策建议

（一）营造支持改革的生态氛围

一是用人导向上，肯定并重用积极改革、勇于担当的干部，鞭策故步自封、本位主义、不求有功但求无过的"无为"干部。二是国家层面加强改革顶层设计，尽快修订调整相关法律法规，为改革提供法律依据和制度保障；监察、司法部门理解和支持改革，完善与改革相适应的问责机制，为改革推动者、执行者解除后顾之忧。

（二）探索商事登记制度新突破

在黄埔区试点"区块链+商事服务"模式，探索"共享式登记网"；在海珠区试点"全容缺+信用增值审批"机制，探索"一表办公司、申报零材料"登记模式；在南沙自贸片区开展"一照一码走天下"改革和商事登记确认制改革试点，打造企业证照信息"一码关联"应用模式。

（三）服务形成全面开放新格局

加快推进《关于促进外商投资企业注册便利化的意见》落地，简化注册登记申请材料形式要求，实现审核流程简易快速，实行内外资企业同步办理类型互转，引导拟从事营利性活动的外国（地区）企业常驻代表机构转型为外商投资企业，推行外资商务备案与工商登记"一套表格、一口办理"。抓住粤港澳大湾区建设契机，加强穗港澳商事登记深度对接，密切城际登记协作，加快构建一体化市场准入环境，深化商事服务"穗港通""穗澳通"合作。

（四）推动开办企业再提速

落实国务院和广州市压缩开办企业时间工作部署，积极推动开办企业"一窗""一网"建设，推行"一窗受理、并行办理"。以"互联网+政务服务"为导向，加快推广"人工智能+机器人"全程电子化商事登记模式，为企业提供"零跑腿"便利服务，同时加大宣传和引导，提升网上办理率，缓解窗口登记压力。

（五）大力推进"照后减证"

适时在全市全面实施"证照分离"改革，分类改革涉企行政审批事项，通过取消、改为备案或告知承诺等方式，重点对资质资格类审批及指标限额类审批事项开展专项清理，破解"办照容易办证难""准入不准营"等问题。同时，将"证照分离"改革后的备案类、信息采集类、公示类事项纳入"多证合一"改革。

（六）持续加强事中事后监管

一是开展打击不法中介机构及人员提交虚假材料骗取工商登记整治，维护规范有序的商事登记秩序，提升企业登记便利化水平，切实维护商事主体合法权益和商事制度改革成果。二是提升事中事后监管科学化水平，依托"双随机、一公开"综合监管平台，实现联合抽查常态化，推动抽查检查结果跨部门互认和应用。加强失信联合惩戒，引导企业诚信守法经营。探索大数据监管、风险分类监管，提升市场监管的精细化、智能化水平。

（广州市工商行政管理局供稿）

市税务局：进一步优化税收环境，促进市场主体发展

一 广州市税收环境优化现状

近年来，市税务部门贯彻落实党中央、国务院深化"放管服"改革的要求，结合市委、市政府构建市场化国际化法治化营商环境的决策部署，深化税收改革，推进税收管理和服务创新，围绕"三个服务""三个降低""三个提高"，改善税务营商环境。

(一)"三个服务"

一是服务改革发展大局，认真落实国税地税征管体制改革决策部署，在机构改革期间紧密围绕秩序不乱、队伍不散、工作不断、力度不减的"四个确保"工作目标，一如既往抓好组织税收收入工作和放管服改革与优化营商环境工作，全力以赴发挥好税收职能。二是服务地方招商引资，积极融入全市经济建设大局，深入开展税收经济分析，定期向市委、市政府有关部门提交税收经济分析报告，为广州经济发展建言献策；充分发挥税收职能，从税收角度参与奖励总部落户、吸引高端人才等全市重要经济政策的制定；主动围绕"一带一路"布局、南沙新区自贸区建设、

粤港澳大湾区建设等重大战略做好税收服务；积极跟进富士康、思科智慧城、GE生物产业园、百济神州生物制药等重点投资项目，对每个重点项目成立服务团队及时跟进，开展贴近式服务。2018年，税务局专门成立新部门——纳税服务中心（税收宣传中心），设立咨询解答专家团队，重点为科技创新企业、重点税源企业以及市政府引进的重点项目提供专家辅导服务。三是服务经济健康发展，税务局全力支持开放型经济新体制建设，加强对外贸综合服务企业、跨境电子商务、市场采购、离境退税等新业态的政策辅导和服务，培育外贸经济新动能。

（二）"三个降低"

一是降低企业税费负担。坚持"应惠尽惠"，落实减税降费措施，大力落实惠民税收政策，减轻企业税费负担，有力支持了实体经济，为企业和经济高质量发展释放新动能。二是降低办税综合成本。按照企业生命周期不同阶段的办税需求，不断简化办税流程，精简办税资料，深化税务行政审批改革。第一，深入推进税务行政审批制度改革，将行政审批项目从71项压减至6项。第二，精简办税资料。2018年8月1日至10月15日，91.1万次纳税人在办理涉税事项中享受到办税便利，纳税人减少报送涉税申请资料298.1万份。第三，推广应用电子发票。目前已有近3万户电子发票用户，2018年电子发票领购数量高达2.4亿份。三是降低税收管理风险。一方面，加强税务机关与其他部门间的协作，加强税企沟通互动，共同推动税收风险共治，降低税收管理风险。另一方面，以政府间信息共享，促进税收风险共治。加强与工商、海关、银行、财政局、外经贸等部门的数据共享，收集在不同管理系统的企业涉税信息，运用大数据加强税务信息情报分析，加强事前预警、事后分析，提高纳税人税法遵从度，提高税收征管效率。

（三）"三个提高"

主要是提高依法征税水平、办税便利水平、税务行政效能。尤其是在提高便利水平方面，大力推行"网上办、一厅办、一次办、同城办、预约办"，提高办税便利度，减少办税时间。2018年1—10月，办税平均等待时间缩短到6.4分钟，同比下降45.3%。

2018年7月国家税务总局广州市税务局挂牌后，广州市税务局迅速推出便民利企促发展33条措施，涵盖便利申报纳税、落实优惠政策、统一执法规范等十大方面。2018年8月，市税务局推出优化科技创新环境10条新措施，涵盖落实优惠政策、提供退税绿色通道、提供银税互动服务等。2018年11月，市税务局出台《服务出口企业10条措施》，从"简流程、助新业、防风险、新渠道"四个方面充分发挥出口退税促进外贸经济发展、优化营商环境的职能作用，不断减轻企业负担。在促进营商环境优化过程中，积极创新，创造了国库（退税）业务全流程无纸化、"云缴税"、车购税全程电子化办税办证等"7个全国率先，1个全省率先"的可复制可推广经验。

二 广州税收环境优化存在的问题

（一）税收制度方面存在的问题

1. 税收制度法治化有待提高

税收法定原则是世界范围内普遍推行的税法基本原则，也是税收法治的底线。目前，我国已初步建立一套较为完善的税收实体法体系，包括增值税、消费税等4个税种的货物和劳务税、所得税以及财产行为税3个类别。但是，我国税法制度存在税收立法层次不足的问题。我国现行的税收法律仅有6项，其中4项税收实体法律、1项税收程序法律以及1项全国人大及其常委会的有关专项规定，其余税收政策均以税收规章和规范性文件进行颁布。比如增值税、消费税等主要税种，一直是以暂行条例的形式执行，税收法律层次低，容易导致政策执行的随意性和模糊性，不利于法治环境的稳定性，影响市场可预测性。

2. 税制设计公正性有待提高

现行税制公正性问题体现在税制结构不合理、税收政策不确定以及调节收入分配不充分3个方面。在税制结构上，我国流转税比重占比在60%以上，所得税占比30%左右，其他税种约占10%。由于流转税具有累退性和可转嫁性，对企业投资不利，也因为促进市场价格升高而对激励消费不利。在税收政策稳定性上，过去20多年税收政策比较不稳定，出台的"临时性""特殊性""暂时性"税收政策数量较多，对部分纳税人造成不公平待遇。在调节收入分配方面，遗产税、赠与税等具有直接税性质的财产税制度还未建立，不利于调节收入分配和缩小贫富差距。

（二）税收征管方面存在的问题

1. 不法分子利用商事制度便利性从事违法活动

商事制度改革降低了制度性交易成本，便利了商事主体的设立，但同时也发现存在少数不法分子利用商事制度改革的便利性，采用虚假地址、盗用他人身份信息进行商事登记后领用或虚开发票失踪走逃的现象，严重扰乱了市场经济秩序，影响了营商环境。据统计，2016年、2017年新增非正常户（失踪走逃）的纳税人为

2.58万户、6.04万户，比2015年同比增长97％、361％。

2. 综合治税协作机制有待完善

税收征收管理工作是一项系统性、综合性强的工作，要做好该项工作，需要良好的综合治税环境，包括公民要具有依法纳税的法律意识，建立各政府相关部门通力协作综合治税的工作机制，需要信誉良好的社会中介组织为纳税人提供涉税服务，需要健全完善的税收征管机制等。但是，目前纳税人自觉纳税意识和纳税遵从度仍不够高，偷税、漏税、骗税的现象时有发生；各政府相关部门税收治理协作机制有待建立完善；综合治税的跨部门信息共享平台有待建立完善。

（三）纳税服务方面存在的问题

1. 服务资源不足，难以跟上服务需求快速增长

近年来，广州市纳税人户数年均增长20％以上，工作量日益增加，而一线纳税服务的服务人员存在人员偏少、年龄偏大、培训时间不足等问题。一线窗口人员工作负荷较重，影响了纳税服务质量和服务水平。

2. 税法宣传水平不能充分满足纳税人需求

税法宣传存在宣传内容不够精准化、税收政策出台后的解读不够及时、宣传形式创新性不够等情况，影响税法宣传效果。

三 广州市税收环境进一步优化的对策建议

（一）财税制度方面

1. 加大财政保障，降低社会保险费负担率

建议借鉴亚太经合组织（OECD）和金砖国家的社会保险费

综合费率水平，在统筹考虑财政和加强社会保险费收支统筹的情况下，适当降低社会保险费负担。

第一，国家层面。目前，我国已建立基本养老保险调剂制度，中央收取3%的调剂资金。下一步可通过逐步将部分国有资本股权划归社会保险基金，充实基本养老保险；研究"费改税"，适时开征社会保障税，作为中央和地方共享税，为养老金全国统筹和降低费率提供财力支持。

第二，地方层面。因地制宜，因城施策，适当放宽社会保险费率缴交范围，基本养老保险、医疗保险等当年收支有盈余且往年累积较多的特大城市、大城市，可以在考虑社会保险费收支可持续发展的前提下，在政策范围内适当降低基本养老保险和医疗保险等最低费率，降低企业和个人社保费总体负担，减轻企业人工成本，提振市场主体竞争力。

结合广州实际，目前广州社会平均工资位居全国各大城市前列，社保费缴费基数也随之逐年调增，缴费负担较重。广州企业职工养老保险最低缴费基数2018年已调增两次，当前最低下限为3469元，比2017年12月增长近20%，比深圳的2200元高1269元。2018年，中美贸易摩擦波及企业生产经营，部分中小微企业反映社保费负担较重。建议联合开展社保费负担问题大调查，对广东省及广州市各类型企业和缴费个人的费金实际缴纳情况，进行全面准确的数据摸查和分析研究，形成社保费缴费负担综合报告，推动社保费缴费基数和费率合理调整。

2. 进一步降低宏观税负

纵观税收营商排名前列的国家，简税制、宽税基、低税率、严征管是趋势。应以深化增值税改革、各项减税降费措施等改革为契机,进一步明确中央与地方的财权和事权,把宏观税负降下来。同时,优化现代化税制结构,逐步增加直接税比例,降低流转税比例,促进社会公平,提高我国税制的竞争力。

3. 坚持税收法定原则

各旧税种中较为完善的,条件成熟的,应尽快完成立法程序,使之上升为法律。开征新税种,必须经过正式立法程序,并在立法前广泛充分征求民意,用法律约束国家征税权。

4. 清理减少规费项目

对照法律法规,进一步清理规费项目,严格规范收费项目。建议新增收费项目须经同级人大审批,进一步降低企业非税负担。

(二) 税收征管方面

1. 建议强化商事主体的源头管理,防范税收管理风险

建议商事主体登记部门对于商事主体的法定代表人(负责人、业主)进行实名认证,并将认证信息共享给其他政府监管部门应用。一方面,该措施可以从源头上遏制盗用他人身份进行登记的行为,净化营商环境;另一方面,可减少其他部门对商事主体分头进行身份识别的监管工作量,也减少了对企业的重复打扰,有利于提升市场监管的整体效率。

2. 建议加大综合治税的支持力度,强化协作和信息共享

建议由市政府牵头,进一步完善"党政领导、税务主责、部门合作、社会协同、公众参与"的税收共治格局,推动各政府有关部门强化相互协作与信息共享。同时,广东省正准备出台全省税收保障条例,建议市政府相应细化制定税收保障条例,以地方立法促进综合治税工作。

(三) 纳税服务方面

1. 完善纳税服务体系建设，提升纳税服务水平

优化税收征管模式，围绕"提升审批效率、简化流程、精简资料"，优化税收征管业务流程，开拓多形式的电子办税渠道，让纳税人"多走网路，少走马路"。

2. 加强税法普及宣传教育，增强公民纳税意识

加强大中小学涉税普法教育。从小抓起，通过形式多样的校园税法普及教育，逐步培养公民纳税意识。强化全市财税宣传，通过财税公益广告、免费宣传资料，提高财政支出透明度，让公民了解财政支出具体去向，整体提高纳税遵从度。

3. 搭建国际经贸合作网络信息服务平台

建议由市政府有关部门牵头，借鉴其他一线重点城市的经验和做法，建立市商务委、海关、工商、税务、侨办、商会、行业协会等多部门组成的国际经贸合作网络信息服务平台，为"走出去"企业提供双边投资与贸易、风险预警等对外投资咨询和服务，提升企业对外投资决策的科学性。

（广州市税务局供稿）

市政务管理办公室：深化政务服务改革，优化广州营商环境

一 广州市政务服务现状

广州市委、市政府高度重视政务服务工作，将政务服务中心作为行政体制改革的试验田和助推器。随着全市放管服改革的深入，先后将网上办事、电子政务、政府门户网站以及公共服务类的12345热线、社会治理类的城市社区网格化管理等职能从其他部门划转到市政务办。科学合理的机构设置，与时俱进的职能调整，不仅有力地激发了广州在政务服务改革中闯关探路、攻城拔寨，也为广州协同推进行政审批制度改革，落实改革举措等提供了强有力的支撑与保障。

（一）广州市政务服务体系不断完善

1. 政务服务内涵、外延不断拓展

从单一的集中行政审批服务，拓展到公共服务领域的12345热线、社会治理领域的城市社区网格化管理等，先后增加网办大厅、电子政务、政府门户网站等职能，服务辐射至佛山、清远、

梅州等地，服务内涵、外延不断拓展。

2. 政务服务标准化日趋完善

出台《广州市政务服务事项标准化统一管理办法》《广州市网上办事管理办法》《广州市政府网站管理办法》《广州12345政府服务热线管理办法》，实现政务服务事项"同一标准、同一编码、同步调整"。落实省政府关于全省政务服务事项实施清单"十统一"标准化梳理，规范网上办事、政府网站和政府服务热线管理，不断深化政务服务标准化建设。全市政务服务基本建成"两级政府、三级管理、四级网络"结构。

3. 行政审批集成服务改革积极推进

2015年5月，广州市全面推行行政审批"一窗式"集成服务改革，重点在"破"和"立"上下功夫。破部门分散窗口，立"一窗"集成服务；破部门分散审批，立集中到位管理；破部门随意审批，立标准规范管理；破"信息孤岛"困境，立统一信息大平台；破服务资源不均衡，立四级联动新模式。整合各级政务服务资源，推进事项下放办理。

4. 便民利企政务服务体系持续优化

聚焦企业和群众办事的难点与堵点，着力打造"宽进、快办、严管、便民、公开"的审批服务模式。优化商事登记便利化服务，提供营业执照"当场办结、立等可取"的高效服务。开展"花城事好办"改革行动。全面推行审批服务"马上办、网上办、就近办、一次办"，打造"花城事好办"政务服务品牌。全面拓展跨城通办，开辟广州清远、广州梅州跨城通办专窗，白云区、荔湾区、番禺区分别与佛山市南海区、顺德区实现事项"跨城通办"。用心做好重点企业项目服务。在全市各区政务大厅设立19个重点企业（项目）服务专窗，在全市推广南沙自贸片区企业帮办无偿服务模式和新型O2O商事登记帮服务模式。

（二）工程项目审批制度改革不断深入

印发《广州市工程建设项目联合审批办法》《广州市工程建设项目策划生成办法》《广州市"多规合一"管理办法》等文件，落实国家和省政府在广州市进行工程建设项目审批制度改革"双试点"工作。积极推进工程建设项目联合审批平台建设，提供统一的网上网下受理、并联审批、实时流转、跟踪督办等功能，打造工程建设项目联合审批市区一体化信息平台。实现市政公用单位"一个窗口"对外服务，推进水、电、气等市政公用单位"一个窗口"对外服务。

（三）"互联网+政务服务"改革持续深化

率先在全国出台《广州市打造全省一窗式一网式政务服务模式改革示范区工作方案》，推动实现全市政府服务资源整合、流程再造、数据共享、业务联动。推进政务服务事项在网上办理，推进政务信息资源共享复用，强化电子证照应用，明确企业电子营业执照、电子税票与纸质票证具有同样的使用效力。推行"不见面审批"、线上线下融合一体等改革举措。在市政务大厅推广无纸化微信扫码取号、"互联网+综合取件"，实现政务服务进驻微信城市服务、"广州政府网"公众号、支付宝等平台，利用自助服务终端、邮政快递柜等，打通政务服务"最后一公里"。

二 基层政务服务存在的问题及原因分析

（一）政务服务高质量发展体制机制不够健全

1. 改革模式需要进一步转变

在改革走入"深水区"的当下，需要突破以往由部门内部发起审批改革的模式，可以引入第三方增加改革驱动力，更加全面了解市场需求，让措施有的放矢。

2. 市场和政府的社会分工还需要细化

行政部门兼顾专业技术审核的颇多，应该让行政部门专注于谋划宏观、全局、战略与公共政策层面的工作，有效限制审批自由裁量权，更好地发挥引领经济社会转型发展的作用。

3. 跨部门间协调机制还未形成

目前，横向各市直部门、纵向市区之间没有形成完善的协同工作机制，各部门工作进度不一，导致在推进"多规合一"等一些互为前置、互相关联的工作中，无法及时确定改革的核心内容、运行机制等，影响改革总体实施进度与整体效果。

（二）基层政务服务发展不均衡

一是大厅面积小，制约"一站式"政务服务。街（镇）政务服务大厅面积狭小，导致"一站式"集中服务无法实现。二是"条块分割"制约窗口业务的融合。按部门条块分割的窗口设置模式，既造成各窗口忙闲不均，同时也无法提供"一窗通办"服务。三是人员素质和待遇低，制约政务服务质量。

（三）政务信息共享互认不顺畅

1. 行政审批系统分散建设

信息技术机构设置分散，导致信息整合难度大；电子证照工作支撑系统建设推广缓慢，与业务实际联系割裂，未能有效满足各级部门业务需求，难以真正实现联合审批，造成办事材料反复提交、市民多跑路的现象。

2. 信息系统不互通，制约"一窗通办"

由于省、市、区各部门信息不互通，导致窗口受理人员需要建立多个系统账号，频繁切换不同业务系统，重复录入大量的基础数据，加之部分大厅计算机设备陈旧，严重影响了"一窗通办"的推行。

三 广州市政务服务深化改革的对策建议

（一）优化的总体思路

全面贯彻党的十九大精神，以习近平新时代中国特色社会主义思想为指导，按照习近平总书记"四个走在全国前列"的要求，坚持以人民为中心，加大转变政府职能和简政放权力度，进一步深化"放管服"改革，不断优化办事创业和营商环境，切实增强政府公信力和执行力，推动政府治理体系和治理能力现代化，建设人民满意的服务型政府。

——构建推动政务服务高质量发展的体制机制。理顺全市政务服务体制机制，建立健全政务服务标准、监督、考核和评价体系。充实基层政务服务资源，全力推动政务服务向基层延伸。

——建设高效便捷一体化政务服务体系。建设高效便捷的审批服务体系和"互联网+政务服务"体系,实施工程项目审批、投资审批、市场准入等重点领域行政审批制度改革,形成"广州经验",切实降低群众办事成本和企业制度成本。

——形成政务服务互联开放新格局。深化政务信息资源跨部门、跨层级、跨区域互联互通、协同共享和政务服务数据开放,推进系统互通、数据共享、身份互信、证照互用、业务协同,实现就近办理、同城通办和异地可办。

(二)具体措施

1. 重点突破,加快形成政务改革新亮点

全面推动"数字政府"改革建设。重点完善和优化统一身份认证平台、电子证照系统、政府共享信息平台等公众服务类基础设施管理机制。建立广州市"一网、一门、一次"标准体系。计划到2019年年底,对广州市重点领域和高频事项基本实现"一网、一门、一次"。深化审批服务便民化工作。坚持体制创新与"互联网+"融合促进,充分运用政务信息资源减证便民,促进政务信息资源共享。大力推广政务服务指尖办理,优化移动政务服务体验。提升政务服务技术支撑能力,深化"一窗"综合受理系统等平台应用,加快推进广州市工程建设项目联合审批系统的优化改造和系统对接工作,并支撑系统向街镇、社区延伸。

2. 坚持创新,激发政务服务新活力

做好网格化服务管理工作,逐步完善网格化事项管理机制,对网格事项进一步梳理,引导社会力量参与网格化管理工作。加强网上中介服务超市运营和管理,严把中介服务机构进驻关,梳理公布中介服务事项清单,建立中介服务事项与行政许可事项的联系,实现中介服务事项与网上办事大厅行政许可事项相关联。

打造广州12345热线服务品牌,开展热线考核,增加热线数据开放维度及渠道。

3. 推动各区解决基层政务服务问题

加强对基层政务服务工作的业务指导,探索建立全市统一的工作激励机制,加强业务培训,建设高素质基层政务服务队伍,大力推动解决基层政务服务大厅面积小、设备设施配套不足等问题。

(广州市政务管理办公室供稿)

市金融工作局：优化金融发展环境，打造国际金融资源配置中心

近些年，广州金融业快速发展，支持实体经济发展能力进一步提升。2017年，广州金融业增加值1998.8亿元，同比增长8.6%，占全市GDP的9.3%；2018年上半年，占国民经济比重进一步提高，实现增加值951.16亿元，占比达到8.9%。随着国家"一带一路"倡议实施、"粤港澳大湾区"建设推进以及国务院简政放权政策等利好措施陆续出台，为广州金融发展提供了良好契机。

一 广州优化金融发展环境概况

（一）金融政务环境建设

1. 强化金融政策支持

依托广东自贸区南沙新区片区、广州市绿色金融改革创新综合试验区等平台，创新政策支持金融业发展。2013年，广州出台了《关于支持广州区域金融中心建设的若干规定》，在支持金融机构做大做强、鼓励金融创新、集聚高层次金融人才等方面发挥了重要作用。2014年出台的《广州市高层次金融人才支持项

目实施办法》，是目前国内已出台的为数不多的专项金融人才扶持政策，累计评出金融领军人才3名，金融高级管理人才236名，金融高级专业人才528名。此外，天河、南沙、广州开发区等也将金融人才作为区人才奖的重点人群。广州税务部门发布了关于支持绿色金融改革创新试验区的10项纳税服务举措，紧贴自贸区特点编制了《融资租赁税收政策专业谈》，提升办税服务水平。同时，印发实施《广州市拟上市挂牌企业库管理办法》，贯彻落实《关于促进广州股权投资市场规范发展的暂行办法》等系列文件，全市各类创业投资、股权投资机构增加到5500多家，管理资金规模达到8600多亿元。

2. 优化审批流程，提高审批效率

2017年6月，省政府将融资性担保公司设立、变更审批，以及小额贷款公司设立审批等职权委托广州市金融局实施。根据《广东省人民政府金融工作办公室关于取消融资性担保机构董事、监事、高级管理人员行政审批事项的通知》（粤金〔2016〕52号）要求，广州市取消融资担保公司新设或变更申报材料中法人代表、董事、监事和高级管理人员任职资格审批事项，改为备案制，进一步简化审批流程，提升审批效率。目前，广州金融局已将相关审批所需时限由原30个工作日缩减至20个工作日，将市级小额贷款公司、融资担保公司日常变更事项审批审核职权进一步下放至南沙新区（含广东自贸试验区南沙新区片区）实施。

（二）加强信用体系建设

近年来，人民银行广州分行大力推进中小微企业征信系统和融资对接平台建设。该平台的推广应用对于解决中小微企业信息不对称和融资难等问题发挥了重要作用。人民银行广州分行不断扩宽征信系统信息覆盖面，推进证券公司法人机构做好征信系统接入工作，已完成辖内5家法人证券公司接入系统的批复和多家企业个人接入机构的申请、批复，以及8家个人系统、6家企业系统接口程序测试验收工作。

广州信贷征信系统与政府部门公共信用信息交换共享取得突破，跨部门联合信用激励和惩戒机制逐步形成。一是为政府部门查询信用报告信息建立绿色通道。按照有关规定，依法受理发改委、科技厅银监、证监、工商、税务、海关、公安、法院、检察院等多家政府部门的查询申请，为上述部门提供有关企业和个人的信用信息。二是积极开展非信贷信用信息纳入征信系统工作。支持广东省高级人民法院、广东省环境保护厅、广东省和广州市地税局、广东省发改委就法院执行信息、环境保护信息、地方税务信息和碳排放信息建立共享机制，通过签订合作备忘录和共享协议等方式实现信息共享，积极发挥人民银行征信系统的社会功能。截至2017年，金融信用信息基础数据库已成功采集广东省高院提供的企业和个人执行信息，以及环保部门的环保违法信息。

（三）优化金融发展司法环境

广州市正着力打造法治化金融营商环境。2010年，广州在全省率先设立了金融仲裁院；2013年，广州金融审判庭在广州市中级人民法院正式挂牌，成为全省首个金融审判庭，大力推广金融审判和仲裁，保护金融债权和知识产权。市中级人民法院于2016年出台《加强金融案件审判执行工作服务广州市金融生态环境建设实施细则》。

(四）防范化解金融风险

广州市将服务实体经济作为发展金融的根本出发点和落脚点，将打好防范化解重大风险攻坚战作为广州未来三年金融工作的重中之重，着力防范化解金融风险，避免金融过度错配导致各类金融风险。

一是配合中央金融监管部门落实监管职责。截至2018年7月末，广州市银行机构不良贷款率为1.02%，比全省（不含深圳）低0.43个百分点，较2017年同期下降0.06个百分点，辖内法人银行杠杆率全部高于4%的杠杆率监管要求。市属两家证券公司、两家期货公司净资本/净资产比率都在80%以上，高于不低于40%的监管要求。众城汽车保险、安联财产保险、珠江人寿保险、复星联合健康保险四家法人保险机构偿付能力充足率分别达到320.02%、212%、101.94%、559.37%，均高于不低于100%的监管要求。

二是不断完善地方金融监管体系。为统筹地方金融风险防控工作，广州于2017年7月成立由分管金融工作的市领导担任总召集人的广州市防控金融风险联席会议，研究决定市级层面地方金融监管、风险防范和化解领域重大问题，协同应对新形势下的金融风险问题，共同维护金融安全稳定。广州出台了《广州市风险投资市场规范发展管理办法》《广州市关于促进各类交易场所规范发展的暂行办法》《广州资金互助合作社业务试行办法》，逐步建立和加强市区两级金融工作力量。

三是全面开展重点领域金融风险排查和处置工作。截至2018年8月，通过现场检查、非现场检查、第三方审计、账户监管等方式，共排查各类地方金融机构、中介经纪机构692家，对"涉众人数多、资金量大、源头在本地"的32家重点平台和机构进行现场检查，把控、化解潜在风险，比互联网金融整改初期（2017年6月底）压缩不合规业务73.26亿元，压降比例达89.17%。广州辖区20家交易场所运行稳健，风险可控，交易场所相关风险得到有效控制。

四是建设广州金融风险监测防控中心。为规范各类交易场所管理，广州市于2013年组织成立了广州商品清算中心，将各类交易场所交易数据及资金清算纳入管理，有效防控交易场所风险隐患。2017年，针对互联网金融监管缺失、风险隐患频发问题，做到及时监测预警，对非法集资等违法金融活动"打早打小"。广州市利用广州商品清算中心的金融监管科技和专业人才优势建设广州金融风险监测防控中心，目前已建成功能强大、运行可靠、模式创新、在全国居于领先地位的地方金融风险监测防控系统——金鹰系统，利用云计算、人工智能、大数据等金融科技手段对地方金融风险可主动发现、实时监测、及时预警，每月定期向市相关部门及各区报送地方金融风险监测预警报告，以便各部门、各区及时化解处置风险。处置情况向防控中心反馈，防控中心进行持续跟进，形成"监测预警—处置化解—持续监测"的风险防控闭环管理，防范化解风险成效明显。

五是建立首席风险官制度。广州市积极推进首席风险官制度建设，目前已率先在广州互联网金融协会试点，向P2P机构推广首席风险官，搭建连接主管部门、行业协会与企业的风险管理体系，建立风险防控的第一道防线。广州市正与广州小额贷款协会、融资担保协会密切对接，拟将首席风险官制度向小额贷款、融资担保行业推广。逐步在广州国资金融机构、重要金融平台或功能区、大中型地方金融机构推广首席风险官,要求各类地方金融机构设置风险控制部门或专门岗位,构建金融风险防控的基础防线。

二 广州市金融发展环境优化中存在的问题

广州对金融总部落户及税收优惠政策的吸引力和竞争力有待提升。国内大城市相继提出国际化发展战略,争夺全球企业和人才落户,围绕营商环境的竞争日趋激烈,不断推出根据吸引力和竞争力的优惠措施,特别是北京、上海、深圳财政实力雄厚,产业基础全面,创新创业活跃,越来越显现出对全球高端金融资源要素的虹吸效应。

金融对外开放水平有待提升。截至2017年年末,广州共有外资金融机构115家(外资银行机构80家,外资证券期货公司2家,外资保险公司33家),其中法人金融机构3家,而北京外资金融机构470多家(其中法人42家);上海外资金融机构超450家,仅银行法人就超29家。

高端金融人才集聚不足。目前,北京、上海金融从业人员分别达54万人、36万人,广州仅约15万人,法人金融机构少,对金融人才特别是高端金融人才的吸引力不足。

企业信用信息不够对称。目前,广州地区的平台建设进度较为缓慢。据参与试点的金融机构反映,由于工商、税务等行政管理部门实行线条管理,平台运行采用数据抓取的方法,而非系统实时对接相关部门的信息数据库,导致信息采集难度大,采集后信息更新不及时,造成企业信用信息数据不全,时效性不高,无法满足金融企业的业务需求。

三 广州市金融发展环境进一步优化的对策建议

(一) 金融营商环境进一步优化

一是进一步简化行政手续和资料,优化审批流程,建设效率高、服务优的政府服务环境。依托广东自贸区南沙片区引进金融知识产权服务机构,打造与港澳有效对接、符合国际惯例、简便高效的金融法治环境。

二是提高政策的配套性和可操作性,利用线上线下多种渠道大力宣传,详细解读、宣讲出台的重大利好政策,推动营商环境建设迈上新的台阶。

三是提升金融国际化水平。出台广州进一步扩大金融开放合作的政策措施,推进金融业双向开放,支持在穗外资金融机构深度参与广州经济社会发展,鼓励符合条件的"一带一路"国家和地区银行机构来广州设立分支机构,争取创兴银行在广州设立境内法人银行。充分利用自贸区南沙片区、金交会、国际金融论坛、广州国际金融城等平台,加强对广州金融的国际推介。

(二) 金融制度环境进一步优化

一是增强金融政策的竞争力和吸引力。完善金融政策体系,加快修订《关于支持广州区域金融中心建设的若干规定》,在支持金融机构做大做强、鼓励金融创新等方面加大扶持力度。依托广东自贸区南沙新区片区、广州市绿色金融改革创新综合试验区等平台,积极争取金融先行先试。

二是完善金融人才发展政策和环境。修订《广州市高层次金融人才支持项目实施办法》，将金融机构及高管人才对广州重大项目建设、创新创业项目的资金支持等作为评审的绩效指标，加强高层次金融人才支持项目与"红棉计划"、"菁英计划"、人才绿卡等项目和政策的对接，拓宽覆盖范围，完善配套措施。广州要在人才竞争大潮中，出台更加积极、更加开放、更加有效、更加精准的金融人才政策。提高外籍人才签证和工作便利度，争取率先落实国家人才签证政策，扩大外籍人才签证发放范围，对符合条件的外籍人才签发长期多次往返签证。建设广州金融人才协会、金融家（金融空间）等载体，为金融人才居住、工作、生活、休闲创造优质的条件。引进国际金融论坛学院、粤港澳大湾区（广州）金融研究院、亚洲金融协会智库等，不断提升广州金融战略谋划水平。

（三）金融信用环境进一步优化

加快推进广州市地方信用体系建设，积极推进广州市中小微企业信用信息和融资对接平台建设，打通政府部门、金融机构与小微企业之间友好互助的服务网络，探索建立广州联合征信业务的有效机制，推进建立以信用记录、信用征集、信用调查、信用评级、信用发布为主要内容的中小企业信用制度，为各方提供信用信息服务。加快建设中小企业数据库，收集中小企业财务数据、信贷需求等基础信息，形成信息共享平台。加快推动小额贷款公司、融资担保公司、融资租赁公司等机构的信用信息纳入全市社会信用信息共享平台建设，争取实现与人行征信系统的互联互通。

（广州市金融工作局供稿）

市人力资源和社会保障局：优化人才发展环境，打造粤港澳大湾区人才高地

一　广州市人才发展环境现状分析

截至2017年年底，广州地区大专以上人才资源总量达351万人，其中研究生学历25.2万人；专业技术人才资源总量达167.5万人，其中高级专业技术资格人员18.4万人；技能人才总量达253万人，高技能人才78万人；广州地区院士98人（其中全职院士39人），"百千万人才工程"国家级人选10人，享受国务院特殊津贴人员403人，入选"广东特支计划"12人；在穗留学人员6.96万人，全年来穗工作的外籍人才1.38万人次。人才在广州的大规模集聚，得益于地区经济社会的发展和良好的人才发展环境。

（一）完善政策，促进人才集聚

1. 侧重对重点产业人才的支持

2016年，出台实施《关于加快集聚产业领军人才的意见》及4个配套文件（"1+4"人才政策），在IAB、NEM等重点产业领

域，5年投入35亿元，支持500名创新创业领军人才（团队），每年支持1000名产业高端人才、2000名产业急需紧缺人才。

2. 重视后备人才培养和海外人才引进

出台"岭南英杰工程"实施意见，用5年时间培养20名位于国际科技前沿的"两院院士"以及200名具有国内领先水平的国家级重大人才工程人选后备人才。修订完善国内首个地方公派留学"菁英计划"，扩大生源范围，明确留学院校，规范学习管理。出台鼓励海外人才来穗创业"红棉计划"，以"海交会"为依托，每年引进并扶持30个海外人才创业项目。

3. 扩大高技能人才引进范围

将具有高级技师职业资格，所从事的工种（岗位）符合广州市紧缺工种（职业）目录的人才，纳入人才绿卡申领范围。增加积分入户分值，外来务工人员取得相应职业资格证书，在积分入户申请时，即可获得最高50分的指标分值。将具有高级以上职业资格并符合相关条件的非本市户籍人员纳入人才引进范围，可以申请将户籍迁入本市。

（二）优化科研环境，提升创新能力

1. 改革技能人才评价体系

在全国率先开展企业技能人才评价工作，组织上百家企（行）业实施近百个主体职业（工种）的多元评价，累计评价超过8万人次，形成企业高技能人才评价"广州模式"，被人社部在全国推广。

2. 建设高技能人才培养平台

着力打造集职业技能开发、实训、评价和就业服务于一体的"国际先进、国内一流"国家级实训基地体系。整个体系投入20

亿元，建筑面积达 21 万平方米，可同时提供实训鉴定工位约 2 万个。此外，全市已建成 6 个国家级高技能人才培训基地，8 个国家级技能大师工作室。

3. 打造技能竞赛品牌

积极组织参加世界技能大赛，在 4 届世赛中共获 2 金 3 银 5 铜 9 优胜奖，获奖数占全国的 21%、全省的 50%。参与主办"穗港澳蓉青年技能竞赛"，在历届竞赛中，金牌和奖牌数稳居四地榜首。广泛开展产业人员职业技能竞赛等市级各类竞赛活动，年均竞赛工种达百个，打造了在全省乃至全国具有影响力的职业技能竞赛品牌。

4. 建立更加开放的高层次人才认定标准

"十二五"期间，全市经认定高层次人才 299 人，"121 人才梯队工程"累计培养后备人才 114 人，其中 1 人当选中国工程院院士，3 人入选国家"百千万人才工程"，29 人获国务院特殊津贴，10 人入选广东"特支计划"。

5. 深化职称制度改革

目前，全市高、中级评委会共 85 个（不含高校自主组建的评委会），评委库在库专家约 1.7 万人。深化高校教师、基层卫生人员、中小学教师等重点领域职称制度改革，强化非公人才职称服务，促进职称评审更加科学、更加公正。推进"放管服"改革，积极向省人社厅争取下放副高职称评审权，向区下放中级职称评审、认定权，开展向具备承接能力的行业、社会组织转移部分职称评审职能，向科研院所、新型研发机构及企业等单位下放评审权的试点工作。

6. 探索粤港澳人才合作新机制

建立"粤港澳（国际）青年创新工场"，打造"红鸟苗圃"

"高校创业联盟"。探索开展职业资格"一试三证""一试双证"等培养评价工作,引进美、英和中国港澳等三个职业资格培养评价体系,推进粤港澳服务执业资格互认,设立港澳人员社会事务服务机构。目前,在全省自贸区范围内率先获得公安部授权审批,可直接受理签发外国人签证证件,已吸引中国港澳、"一带一路"沿线国家的1300多名高端人才落户发展。

7. 打造好的平台,吸引人才来穗

2017"海交会"共有3500多名海外人才参会,带来科技发展项目2000余项,吸引国内包括港澳在内32个省级行政区的378个代表团携2000多个项目、上万个岗位需求到场,整体参展参会近5万人次。全市现设立博士后工作站(流动站)、分站95个,2013年以来累计进站培养博士后600余人,吸引300多名出站博士后来(留)穗工作,其中国(境)外博士后占1/6。

(三)打造良好创业环境,提升经济活力

1. 鼓励科研人员创业

积极探索高校科研机构科技人员在职或离岗创业具体实施办法,转发省《关于鼓励高校科研院所科研人员创新创业有关人事管理问题的意见》,对全市高校、科研院所的专业技术人员给予三年一期、最多两期的离岗创业期,离岗创业期间保留岗位,可以参加职称评审、岗位晋升。

2. 加大创业孵化支持力度,打造青年创业平台

目前,共培育建设各级创业(孵化)基地278个,合计建筑面积达3777万平方米,累计进驻企业23426户。通过举办"助你创业、赢在广州"大学生创业大赛,广州市大学生优秀创业项

目约490个，其中381个项目已注册实体企业，带动就业人数超过6000人。

二　广州市人才环境建设中存在的问题

（一）创新驱动发展缺少高端人才支撑

目前，广州地区全职两院院士仅39人，远低于北京的756人、上海的177人，与南京的83人、武汉的71人也有明显差距；广州入选国家"千人计划"人数281人，仅相当于北京1486人的19%，上海771人的36%，与武汉（392人）、南京（303人）等城市也有一定差距。高精尖紧缺人才不足，导致广州创新驱动发展缺乏必要的高端人才支撑。

（二）人才体制机制的束缚依然存在

广州作为国家中心城市和国际大都市，在财税政策、职称评审、出入境、居留许可等方面，管理权限不足，削弱了对高层次人才和企业投资创业的吸引力。人才政策政出多门、碎片化情况比较明显，人才资金使用分散重复。

（三）对青年人才的吸引力不足

广州市现行人才政策主要针对院士、专家、博士后等高端人群，对以高校毕业生为主体的成长型青年人才、基础人才的政策扶持较少，引进和培养力度较弱，企业技能人才待遇水平偏低。相比之下，深圳2014年开始给予新引进本科以上毕业生一次性住房补贴；武汉规定高校毕业生凭毕业证就可直接落户、购房租房"打八折"以及发布最低年薪指导标准，吸引大学生留汉创业；南京出台青年大学生"宁聚计划",大力集聚青年人才等。兄弟城市近年来瞄准青年人才推出的系列优惠政策,也在客观上抵消了广州的传统优势。

(四)人才配套服务保障措施要进一步优化

目前,广州在人才住房、国际医疗和教育、出入境、投融资等生活及创业服务环境方面还存在政策短板。人力资源服务大而不强,高端业态企业少,市场化专业化水平不高,与服务现代化经济体系、高层人才的要求不相适应。

三 广州市人才环境优化的对策建议

(一)加快人才体制机制改革和政策创新

实施更加积极、更加开放、更加有效、更加精准的人才政策,制定出台构筑国际创新人才高地战略性文件,瞄准各领域创新领军人才,加强人才政策整合力度,在人才发展体制机制的关节点上进行系统谋划和改革创新。出台培育"羊城工匠"行动计划和提高技术工人待遇的实施意见,完善技术工人培养、评价、使用、激励、保障等措施。完善职称评价标准,突出创新能力评价导向,强化对实际能力贡献的评价,探索建立广州市地区标准,创新评价方式,建立完善具有广州特色的科学化、规范化、社会化的职称制度。创建国家级人力资源服务产业园,制定出台促进人力资源服务机构创新发展办法,在人力资本服务领域培育新增长点,形成新动能。

(二)统筹抓好高层次人才队伍建设

全面实施高层次人才三份政策文件,加大对高层次人才学术研究、项目研发、交流培训等活动支持力度，兑现住房、医疗、子女教育、配偶就业等待遇承诺，提升专家服务水平。推进"岭南英杰工程"实施，加快培养两院院士和国家重大人才工程后备人选。稳步落实"红棉计划"，完善人才绿卡制度，用好"海交会"平台，聚集大批海外创业人才。实施博士倍增计划，加强博士后工作站和基地建设，出台广州市博士后工作新政，扩大高层次人才后备库。优化实施"1+4"政策项目，聚集战略新兴产业，加快集聚顶级创新创业人才及团队，培育广州本土领军人才。

（三）增强对青年人才吸引力

抓好"菁英计划"留学项目实施，着力在扩大生源范围、提高选拔标准、发挥市场作用等方面对项目进行拓展，为创新驱动发展储备更多优秀青年人才。抓好"赢在广州"大学生创业大赛和各级创业（孵化）基地建设，支持更多高校毕业生在穗创业。适度放宽高校毕业生引进入户条件，给予新引进硕士研究生以上学历毕业生生活补贴，增强对毕业生的吸引力。

（四）加强技能人才培养

实施培育"羊城工艺大师"行动，建立首席技师制度，加快技能大师工作室建设，实施急需职业（工种）人才培养计划，推进开展以企业新型学徒制试点为重点的校企合作，加强高技能人才培训（实训）基地建设，积极组织开展职业技能竞赛，开展企业高技能人才评价工作，打通高技能人才与工程技术人才职业发展通道，助推广州市先进制造业发展。

（五）完善人才配套服务保障措施

全面落实好人才签证、居留、户籍、子女教育、创业支持等

市人力资源和社会保障局:优化人才发展环境,打造粤港澳大湾区人才高地

配套政策,推进实施好新就业无房职工公共租赁住房保障办法,加快出台人才公寓管理办法,建立健全由住房补贴、人才公寓、公租住房构成的多样化人才住房保障体系,进一步强化人才竞争优势。

(广州市人力资源和社会保障局供稿)

市交通委员会：完善优化交通网络，建设综合性交通枢纽

一 广州市建设综合性交通枢纽优势分析

（一）地缘区位优势

广州位居珠江三角洲，是华南地区的最大城市，被称为中国的"南大门"。广州地理位置优越，东接深圳、惠州、东莞，西连佛山、中山、珠海，隔海与香港、澳门特别行政区相望。

（二）经贸交往密切优势

广州市作为全国改革开放的先行地，在发展社会主义市场经济过程中积累了宝贵经验。我国正在大力推进"一带一路"建设，加快推进粤港澳大湾区建设和自贸区战略，有利于发挥广州国家中心城市、千年商都和古代海上丝绸之路发祥地的优势，深化广州对外经贸合作。珠江—西江经济带、泛珠三角地区合作进一步加深，高铁经济带加速形成，珠三角地区一体化、广佛同城化、广佛肇清云经济圈融合发展，为广州市社会经济的发展提供了更多的发展机遇和更广阔的空间。对外经贸合作加深，区域经

济统筹发展，既需要以综合交通发展为支撑，同时也进一步提升了城市交通枢纽功能。

（三）交通运输优势

广州是粤港澳大湾区、泛珠江三角洲经济区的核心城市以及"一带一路"枢纽城市，交通优势明显。在航空方面，广州白云机场是国内三大门户复合型枢纽机场之一，是国家着力打造的珠三角世界级机场群及粤港澳大湾区的核心机场。在航运方面，广州是华南地区功能最全、规模最大、辐射范围最广的综合性主枢纽港，为我国内贸集装箱第一大港。在铁路方面，广州枢纽是全国重要的、华南地区最大的铁路枢纽。在公路方面，广州是全国公路运输网络的重要节点，是国家高速公路网中连接线最多的城市之一。

（四）宏观政策优势

"一带一路"倡议将广州作为"21世纪海上丝绸之路"的起点城市，为广州市建设综合交通枢纽创造了良好的宏观政策条件。在国家发展改革委、外交部、商务部联合发布的《推动共建丝绸之路经济带和21世纪海上丝绸之路的愿景与行动》中，特别提出要"强化上海、广州等国际枢纽机场功能"，同时指出要加强上海、天津、宁波—舟山、广州等沿海城市港口建设。粤港澳大湾区战略同样为广州市建设综合交通枢纽提供了宏观政策优势。广州作为粤港澳大湾区的重要中心城市之一，在区域经济快速发展的驱动下，需要加强综合交通枢纽建设，以更好地提升城市竞争力，适应区域一体化发展的新要求。

二 广州市建设综合性交通枢纽现状分析

(一) 广州航空枢纽发展现状

广州白云国际机场是我国首个按照中枢机场理念设计和建设的航空港,现拥有3条跑道、2座航站楼、202个客机位、43个货机位(不含FBO),可满足年起降62万架次、8000万旅客量和250万吨货邮量的运营需求。目前,已有超过75家中外航空公司在白云国际机场运营,航班通达全球45个国家和地区、214个城市(国内城市129个,国外城市85个),航线总数307条(国内航线154条,国际航线153条),航线网络覆盖全球五大洲。近年来,随着社会经济的发展,白云机场运输量快速增长,2017年旅客吞吐量6584万人次,全球机场排名第13位,跻身世界超大型繁忙机场行列;货邮吞吐量达到178万吨,全球机场排名第18位。

(二) 广州航运枢纽发展现状

广州港目前已形成以南沙港区为龙头,新沙、黄埔等港区为辅助的集疏运格局,它拥有各类生产用泊位807个,其中万吨级以上泊位76个;拥有浮筒23个,锚地88个,最大锚泊能力30万吨,航线网络通达世界100多个国家和地区400多个港口。在腹地经济持续快速增长的支撑下,广州港发展快速。在集装箱运输方面,2017年集装箱吞吐量达到2037.2万标准箱,同比增长8.0%,其中进港1008.6万标准箱,出港1028.6万标准箱,位列国内十大港口第4位,全球十大港口第7位;在货物运输方面,2017年港口货物吞吐量达到59012万吨,同比上年增长8.4%,其中进港34683.7万吨,出港24328.1万吨,货物吞吐量位列国内十大港口第 4 位,全球十大港口第 6 位。

(三) 广州铁路枢纽发展现状

广州铁路枢纽是华南地区重要的特大型铁路枢纽,拥有京广铁路、广茂铁路、广深铁路、南广铁路、广珠铁路和京广客专、贵广客专、广深港客专,广珠城际、广佛肇城际,初步形成以广州南站、广州站、广州东站为主,广州北站为辅的"三主一辅"客运格局。2017 年,广州市全市实现铁路客运量 15629 万人次,同比增长 8.9%,总体保持稳步上升的趋势;铁路货运量 5156 万吨,同比上升 4.1%,总体由下降转为上升的趋势。

(四) 广州城市路网发展现状

广州公路枢纽是华南地区最大的公路主枢纽,拥有京广澳高速、大广高速、二广高速、广深高速、沈海高速等高速公路。截至 2017 年年末,全市公路通车总里程 9322 公里(其中高速公路 972 公里),已基本形成"二环 + 十五线"高速公路的主骨架网络。同时,广州市拥有五级及以上公路客运站场 27 家(一级站 13 家,二级站 8 家,三级站 5 家,四级站 1 家)。在公路运输方面,2017 年全市完成公路客运量 25430 万人次,客运周转量 258 亿人公里,分别增长 6.74% 和 6.84%;公路货运量 77099 万吨,公路货物周转量 887 亿吨公里,分别增长 7.29% 和 7.48%。

三 广州市构建国际性综合交通枢纽存在的问题

(一) 国际航线不够完善,国际功能有待拓展

广州白云国际机场旅客和货物吞吐量与北京、上海等国内其

他国际空港枢纽相比增长偏慢，须进一步开拓国际航线；广州港外贸集装箱航线67条，约是上海、深圳的1/3，其全球贸易网络中的地位需要进一步提升；铁路枢纽尚未开通国际客货运班线，高端服务功能不完善，辐射能力须加强。

（二）铁路通道能力尚须优化，辐射作用尚须加强

广州东部和东北通道铁路技术标准偏低，往南昌、合肥、福州、杭州、上海方向尚无直达客专通道；南部通道尚显薄弱，往珠海、澳门方向须通过广珠城际铁路，往湛江、海南岛方向尚无直达客专通道；西部通道尚须优化加强，往南宁、昆明方向须通过南广铁路和云桂铁路，往贵阳、重庆、西安方向通过贵广客专转渝黔铁路。

（三）站场布局不尽合理，高铁功能仍须加强

随着城市规模的快速扩张，以及城市功能和产业布局调整，一些位于城区中心地带的客货运枢纽与城市区域功能和产业升级要求逐渐不匹配，需要逐步外移或转型升级。广州既有的高铁站场布局逐渐不能适应旅客整体便捷出行需求，降低了广州枢纽高铁服务效率和竞争力；广州站、广州东站、广州南站、广州北站难以支撑广州城市空间发展战略及国家铁路枢纽服务功能。

（四）综合枢纽一体化服务仍须提升，换乘换装亟待改善

目前，广州存在总体上各联络通道运输能力不足、运输效率不高、联运体系不完善等问题，客运枢纽之间互联互通有待加强。广州枢纽与珠江三角洲地区其他城市之间缺乏快速轨道交通

联系，枢纽衔接疏散效率不高。广州港南沙港区尚未建成疏港铁路，广州港口辐射潜力和服务功能尚未充分发挥。

四 广州市构建国际性综合交通枢纽的相关对策建议

（一）以空港海港为主导，战略引导城市空间格局

统筹构建机场体系，支撑外围新城发展。依托广州白云国际机场，建设国际航空枢纽港，大力发展临空经济，建设成为国际领先的空港经济示范区。推进广州第二机场枢纽、广州南沙通用机场规划建设，建立机场至中心城区快速直达的轨道交通通道。搭建以广州为起点的"空中丝路"，力争到2020年国际航线规模达到150条。

优化整合港区功能，促进港城协调一体。优化广州四大港区功能布局，重点发展南沙港区，实现港口货运功能向南沙港区集聚，建设邮轮母港和休闲码头，支持旅游经济和休闲产业发展；逐步转型和升级内港港区与黄埔老港作业区的港口生产功能，拓展增值服务，实现港口产业升级，实施城市化改造。加快完善航运物流、交易和服务信息平台的建设，建设国际航运服务业集聚区，提升智慧航运综合服务能力。

（二）以铁路公路为依托，构建四通八达的陆路网络体系

国铁方面：筹划广河、广湛客专及相关联络线建设，规划形成"四面八方、四通八达"的铁路枢纽战略通道。推进广深Ⅲ—Ⅳ线改造、南沙港铁路、东北外绕线、广州至汕尾客运专线、广州铁路集装箱中心站等国铁项目建设。

城际轨道方面：完善珠三角城际轨道交通线网，加快广清城际、广佛环线、穗莞深城际等城际轨道项目的建设，串接白云国际机场、广州南站等主要节点。

公路网络方面：加快机场第二高速、虎门二桥建设，强化港口和机场集疏运能力；推进汕湛高速惠清段建设，加强广州与粤东西北地区联系；加快佛清从、广中江高速建设，加强与佛山、清远等周边城市的互联互通；初步形成以广州为中心的"三环十五线"区域高快速公路网络格局，实现2小时机动车时空圈覆盖珠三角以及周边主要城市。同时，推进市域骨干网络、重点功能区路网规划建设，增强对外衔接和区域辐射能力。

（三）以客内货外为基准，优化整合城市站场布局

一体化整合中心城区客站。按照"客内货外、动内普外、多站布局、多点到发、综合换乘"的思路，统筹规划广州地区铁路枢纽。推进广州站—广州东站一体化改造，推动中心城区的可持续发展；依托机场和铁路客站，整合公路客运站场，优化调整站点布局。

差异化布局货运枢纽站场。环城高速公路以内区域，严禁建设大中型货运枢纽站场，既有铁路和公路货运站点逐步推进客运化改造或转型升级，近期难以改造或转型升级的，应限制规模扩大和功能拓展。环城高速公路以外的中心城区区域，严格控制货运枢纽数量与规模。

（四）以整合提升为手段，增强功能融合发展能力

整合交通功能。推进各种交通方式之间、城市内外交通之间和城市交通设施的有机融合，综合集聚旅客直通和中转换乘等运

输功能、运行调度和时刻协调等组织功能、信息发布和平台共享等资讯功能,实现旅客零换乘。以提质、降本、增效为导向,推动货运物流一体化、集装化、网络化、社会化、智能化发展,构建交通物流融合发展新体系。

拓展非交通功能。推动大型枢纽综合开发,发展集旅客集散、商业办公、居住休闲于一体的城市功能区,融入特色文化、生态景观、节能环保等元素,建设集各种功能于一体的综合换乘枢纽,解决交通发展瓶颈,并通过塑造城市交通综合体,打造城市新地标。

(广州市交通委员会供稿)

区域案例篇

为优化广州营商环境，广东省委深化改革领导小组印发《广州市营商环境综合改革试点实施方案》，涵盖审批服务便利化改革、工程建设项目审批制度、企业投资管理体制、贸易便利化、科技创新体制机制、激发和保护企业家精神、市场监管、重点区域营商环境改革共八部分43项创新举措。广州市商务委（广州市招商办）牵头会同各有关部门，对全市产业扶持政策进行梳理，形成广州市"1+1+N"重点产业促进政策体系。通过发布《广州市产业发展资金管理办法的通知》《广州市促进总部经济发展暂行办法》《广州市支持商贸业发展实施办法》《广州市人民政府办公厅关于优化市场准入环境的若干意见》《中共广州市委广州市人民政府关于加快集聚产业领军人才的意见》等政策，从财政、总部经济、商贸业、市场准入、人才等方面改善营商环境。

广州各区充分发挥各自特色，促进营商环境的进一步改善。例如，越秀区以"钻石29条"助力营商环境不断优化；海珠区以率先试点"全容缺+信用增值审批"，促进琶洲互联网集聚效应增强；荔湾区以政务服务标准化建设，打造法治化营商服务环境；天河区以纳税服务融合为抓手，助力营商环境优化；白云区以强化扶持，助力龙头企业强劲"领跑"；黄埔区以开展"创新试验区十条"，持续深化"放管服"改革；花都区以持续优化营商环境，打造政务服务花都速度；番禺区以破解"三大难题"，优化营商环境；南沙区以打造"智慧口岸"品牌，着力提升贸易便利化水平；从化区以开辟"绿色通道"，推进特色小镇建设；增城区以"三证合办"与"三测合办"改革，再塑营商环境改革新优势。

本篇将以广州市11个区为案例，从工作成绩和工作亮点两个方面入手，梳理各区在营商环境优化中的好经验、好做法，供大家学习和借鉴。

越秀区:"钻石29条",助力营商环境不断优化

近年来,越秀区坚持以习近平新时代中国特色社会主义思想为指导,深入贯彻落实习近平总书记关于加大营商环境改革力度的重要指示精神,对标"四个走在全国前列"要求,不断深化"放管服"改革,推出"企业为主、人才为本、载体为基"三位一体的"钻石29条"政策,主动为各类市场主体减负担、增服务,着力营造高水平营商环境,积极构建全面开放新格局。2017年,中国社会科学院法学研究所发布了"中国政府透明度指数报告"(2016),首次对县区一级政府进行政务透明度评估,越秀区以优异成绩进入前十。

2017年,越秀区总部经济实现增加值1562.95亿元,增长6.2%,占GDP比重为48.94%。380家总部型企业贡献税收280亿元,增长14%,集聚世界和中国500强区域总部或分支机构86家,颁布"钻石29条"新政策,成功引进康美药业、南方环境等14家500强企业投资项目。2017年,越秀区民营经济实现增加值709.58亿元,增长6.1%,拉动GDP增长1.36个百分点,占GDP比重为22.22%,同比提高0.32个百分点;实现税收收入150.55亿元,增长15.6%,占越秀税收总额的42.08%。

越秀区以金融、商贸、文化创意、健康医疗为四大主导产业。2017年，四大主导产业实现增加值2087.68亿元，增长5.8%，占越秀区GDP比例为65.37%。

截至2017年年底，越秀区实有各类商事主体152143户，增长8.6%，其中，企业78699户，个体工商户73444户。2017年，越秀区新增各类商事主体23030户，增长27.1%。其中，新增内资企业14270户，增长32.9%；新增外资企业742户，增长34.9%；新增个体工商户8018户，增长16.1%。2017年，越秀区企业注册资本总额（认缴）1046.45亿元，增长1.2倍，新成立的注册资金达1000万元以上的企业（含市工商局、区局登记）共1518家，增长25.7%；注册资金1亿元以上的企业113家，增长66.2%；10亿元以上的10家，增长4倍。

总体而言，越秀区从创建企业发展福地、构筑人才集聚高地、培育优质载体沃土等方面对区营商环境进行优化。

一　创建企业发展福地

坚持企业发展需求导向，突出招大引强增量和培育壮大存量，出台《越秀区促进优质企业发展暂行办法》，持续加大政策扶持投入力度，形成稳定增长机制，制定"组合式"的自选政策包，提升政策的引导性、激励性和实用性，促进区内优质企业发展。自政策发布以来，它共为优质企业落实各类扶持超1亿元，有效激发市场主体活力。2017年，新增商事主体2.3万户，增长27.1%，其中注册资金1亿元以上企业113家，增长66.2%。2018年前三季度新增企业2.2万户，增长97.1%；注册资本总额1396.8亿元，增加85.1%，市场主体持续保持良好增长态势。

（一）创新自选政策礼包

定制"组合式"的专属政策礼包，涵括高管引进、技术创新、人才公寓、入户广州等特色举措，可按企业实际需求搭配组合，全方位促进企业发展、产业提升。自 2017 年以来，成功落地优质项目 662 个，引进隆力奇国际营销总部、兰博基尼广州总经销等总部项目 26 个，排名全球前五的科技独角兽企业 WeWork 广州首家旗舰店落户越秀。新增上市企业 14 家，累计 59 家，总市值超 2000 亿元。新增广州股权交易中心挂牌企业 114 家，累计 393 家。正大集团新零售项目、华南首家中国黄金旗舰店、新零售"盒马鲜生"广州旗舰店等新业态新模式项目开业运营，网上零售年均增长 17%。

（二）首推越秀金卡服务

以顺心、贴心、暖心"三心"服务为核心，精心打造、竭诚推出"越秀金卡"，汇聚全市最优质的基础教育、最专业的医疗保健、最贴心的政务服务，为优质企业量身定制"钻石级"服务礼包，"一卡在手，通行越秀"，全力激发和保护企业家精神。首批 50 家"越秀金卡"企业 2017 年贡献税收 137.4 亿元，粤财投资、城市建设投资集团等 3 家"越秀金卡"企业 2018 年共增资 113.4 亿元，有力支撑区域经济可持续发展。

（三）提升企业服务质量

深化"放管服"改革，全面推行全流程电子化登记，刷新"越秀办证速度"，15 个部门 326 项业务实现"零跑动"，12 个部门 143 项业务可"当场办结"，实现"照章税"一天联办，新企业开办最快只需一天，政府和企业项目审批效能分别提升84%和86%，不断优化提升区域营商环境。建立区领导挂点联系重点企业制度，定期按行业主题组织举办重点企业座谈会，主动倾听企业心声，了解行业诉求，协调解决企业问题200余个，让企业有更多的获得感和更高的满意度。

二　构筑人才集聚高地

坚持问题导向，按照精简化、纲要化原则，出台《越秀区集聚高端人才暂行办法》，每年安排高端人才专项资金1亿元，增长近4倍，增设面向教育、卫生、文化等事业类"社会领域精英人才"项目，进一步提升政策扶持力度和精准度，全力加快建设人才强区。

（一）夯实人才政策全面发力

推出"四类高端人才+安居乐业+引才助才"立体化人才政策，为人才提供全方位的入户、医疗、教育配套服务，优化人才创新创业"软环境"，吸引高端人才来越秀投资创业。2017年以来，新增人才公寓138套超6000平方米，引进国家"千人计划"专家李保安等200多名高层次人才创新创业，评选出年度创新创业领军人才（团队）10人。持续推进科技创新和成果转化，鼓励科研人员自主创新创业，新增发明专利7595件，年增速达47%，新增高新技术企业预计超400家，年增速达50%。推动国家版权贸易基地打造广州文化IP库项目，收集31880件IP产品，获得保时捷、奥迪等五大国际汽车品牌中国大陆地区独家授权代理。

（二）聚焦重点产业精准引才

聚焦金融商贸、地理信息等重点领域招才引凤，切实增强人才结构与产业转型升级方向的契合度，推动人才链、技术链、产业链"三链相连"。瞄准地理信息、量子通信、互联网传媒和空间安全等战略新兴领域，依托区内十大价值产业园区，重点引进两院院士、国家"千人计划"和长江学者等高端人才。目前，越秀区已引进院士5人，享受政府特殊津贴专家17人，"珠江人才计划"人才团队3个，产业发展和创新人才472名，所在行业范围涵盖IAB、NEM、新型金融、知识产权与商标经济、创意产业等高端高质高新现代产业。2017年12月新引进周成虎院士团队领衔的广东地理信息产业园已逐步形成地理信息、地理文化、地理教育、地理智库四大产业集群，年营收预计可达3亿元。

（三）激活创新创业越秀土壤

响应国家"双创"号召，依托价值产业园和区内公有物业，培植创新创业越秀土壤。越秀区共建成孵化器12个、众创空间10个，其中5个国家级众创空间共入驻创业项目239个，获得投融资5.8亿元。广东文投创工场入选中国最具贡献孵化平台百强榜广州50强，羊城同创汇获评国家级科技企业孵化器培育单位。辖内拥有4家国家级重点实验室、37家省级重点实验室、95家省级工程中心等国家和省市各类科研机构223家，占广州市的23%。辖区独立科研院所49家，占全市科研机构的比重达到20.3%，居全市第2位。

三　培育优质载体沃土

坚持以载体功能提升推动产业向价值链高端攀升，出台《越秀区促进产业园区发展和商务楼宇提升暂行办法》，开出"升级改造+星级主题+亿元楼宇+园区企业+创新特色载体+服务平台"等载体全方位政策服务包，整合园区（楼宇）业主和运营团队、行业中介、商会协会力量，为经济高质量发展提供高品质载体。

（一）助力商务楼宇特色化

新开设特色楼宇、载体提升、楼宇改造等扶持措施，鼓励新增优质载体，提升现有载体，强化载体运营服务功能，推动高端载体的经济效益、社会效益、人文效益、生态效益"四提升"。截至目前，越秀区建成重点商务楼宇366栋，近1000万平方米。2017年新增税收亿元楼8栋，累计60栋，连续三年获评"中国楼宇经济十大活力区"。率先发布全国首个星级商务楼宇评定标准，新评定星级商务楼宇32栋，平均每栋贡献税收近2亿元。推进环市路"广州创新走廊"建设，正佳广场"广州国际知识产权大厦"正式挂牌，引进广州市战略知识产权运营有限公司、广东省知识产权投融资促进会，助力打造粤港澳大湾区"科创之芯"。

（二）促进产业园区品质化

围绕加快园区产业集聚，对具有示范性强、产业集聚能力突出、升级改造意愿强的园区给予扶持，全面推进产业园区品质化提升。2017年以来，黄花岗科技园新增园区10个，合计45个，年营收近700亿元。获批创建国家级文化产业示范园区，惠福美食花街新落地庄臣美食坊等一批体验式项目。加快推进国家商标品牌创新创业基地建设，吸引超竞、嗨猫两家电竞龙头企业合建电子竞技产业园，全国知名企业服务平台猪八戒网知识产权项目正式运营。全国首家京外商标审查协作广州中心，开业不到两年已完成实审量超250万件，约占全国1/4。广州民间金融街以208亿元价值获评全国服务业区域品牌前五强，被授予"广东省民间金融创新发展示范区"。

（三）推动专业市场集约化

设置专业园区创建、运营平台建设等扶持内容，支持和引导专业市场转型升级。2017年以来，按照"控量提质"要求，对标编制越秀发展战略大纲，全市率先出台非中心城区功能疏解方案，推动77家专业批发市场成功转型。环市东商圈颜值与品牌全面升级，北京路口碑街被打造成全国首条线上线下协同发展的智慧型商业街区，全市首个专业市场诚信平台"一德诚信"建成运行，红棉国际时装城获批工信部纺织服装创意设计试点园区。创新广州专业市场公共服务平台、专业市场管理权责目录与负面清单等2项内贸流通体制改革试点经验，获商务部等9个国家部委肯定，并在全国推广。

（越秀区人大常委会供稿）

海珠区:"马上就办""最多跑一次",营商环境改革再提速

2018年,海珠区开展以效率促效果、以实干促实效的"效率年"活动,聚焦重点领域,坚持刀刃向内,全力推进精简审批优化服务"马上就办,最多跑一次"2.0版本政务改革,围绕直接面向企业群众、依申请办理的行政审批和公共服务事项,推动审批服务理念、制度、作风全方位深层次变革,不断优化办事创业和营商环境,切实解决企业群众办事难、办事慢、多头跑、来回跑等问题,努力实现审批程序再简化、审批时间再缩短、审批服务再优化。数据显示,2017年以来,海珠区新设立公司注册登记26719家,同比增长18.69%。推广"开公司免预约,当场办即领照"服务以来,新增注册登记企业19874家,市场化、法治化、国际化营商环境加快形成。

海珠区聚焦重点领域,大力推进"马上就办""最多跑一次"政务改革,努力实现审批程序再简化、审批时间再缩短、审批服务再优化。一是践行"马上就办"。推动经营管理和建设工程方面非现场勘查的注销类、备案类事项可"马上就办"。定期梳理公布"马上就办"事项清单,以注销类、备案类事项为切入点,倡导由"承诺件"改为"即办件",只要材料齐全,立即当

场办理，实现最优审批模式。海珠区25个部门647个审批事项，已有437项实现提速办理，比法定时限节约2966个工作日，整体提速率达50%。其中，156个事项实现"马上就办、立等取证"，占非现场勘查类事项的45.61%。进一步推广"开公司免预约，当场办即领照"服务，新增注册登记企业约2万家。二是推行"容缺受理"。积极探索"容缺受理"机制，对不涉及公共安全、生产安全和重大公共利益等事项，依法依规采取"先受理、后补证"的方式提供服务，目前已出台首批95项"容缺受理"事项及可容缺材料清单目录，切实降低企业和群众的办事成本。三是打造"琶洲速度"。通过探索"并联审批""绿色通道"等举措，进一步简化建设工程审批环节，优化审批流程，提高审批效率，量身打造项目审批和服务管理的"琶洲模式"。高标准建设琶洲政务服务中心，为集聚区重点项目制定"一企一策""专人代办"服务，助推琶洲互联网创新集聚区建设，推动项目从土地出让到动工建设仅花了10个月时间，创造了创新发展的"琶洲速度"。四是首设"企业首席服务官"，惠及更多企业。在政务服务中首设"企业首席服务官"制度，"一对一"跟踪协调解决企业发展中的困难，形成联合企业服务团队，为企业提供从场地选址、报批报建、税务开票到人才公寓等全方位、全周期和全流程的服务。

总体而言，海珠区从"互联网+政务"试验田、"便民利企"服务网等入手，以绩效、效率激发区域发展，进而优化区营商环境。

一 "互联网+政务"试验田

2018年，海珠区加快互联网与政务服务深度融合，推动信息共享和业务协同,让"数据多跑路,群众少跑腿"。

(一)云上一库共享

建成有55个业务系统和240个虚拟机运行的云平台。构建政务信息资源数据中心,推动市、区、社区三级数据互联对接,实现部门数据融合共享。

(二)线上一网通办

海珠区加快"一卡通"电子证照的试点应用,完成"一站式"审批系统与电子证照系统的对接,30%存量证照已转化为政务电子证照,首批400多个事项办理免提交营业执照,实现"信息一次采集,多场景互享共用"。优化网上办事大厅建设,办事指南要素均在市政务系统对外发布。目前,海珠区可网办率达99.68%,到现场低于一次事项占比95.72%。

(三)掌上一端服务

加快"微政务"建设,在"海珠政务"微信公众号上建设"民生服务超市",搭载网格巡查"在线报料"平台,推出企业"绿色通道"服务电子卡,在全市率先实现人社业务全流程办理,可在线申办事项超过430项,覆盖19个职能部门,实现政务服务全天受理、全员覆盖。

二 "便民利企"服务网

2018年,海珠区加强市、区、街道、社区四级联动,不断优化政务服务体系,为企业和群众提供更优质、更贴心、更便捷的政务服务。

（一）优化集成服务

在全市率先完成"一窗办"集成服务改革，区、街两级政务中心实现"前台综合受理、后台分类审批、统一窗口出件"，以一个"综合窗"解决群众办事难的问题。目前，进驻海珠区政务服务中心的479个事项全部纳入综合受理，其中8个部门112个事项实现"全生命流程"办理。18个街道政务服务中心统一名称为"街道政务和社区服务中心"，增设1名专职副主任负责政务服务工作，初步实现机构实体化、人员专职化，不断提升基层政务服务能力。

（二）延伸服务触角

海珠区在广州创投小镇建立全国首家"双创"园区政务服务驿站，第一批可服务办理66个商事登记事项，为园区企业提供审批代办、终端自助、绿色通道、政企对接和业务培训五大服务，初步实现企业注册即开、审批辅导即来、政企对接即到。

（三）强化服务监管

加强政务服务体系规范管理，形成一体化政务监督体系。引入第三方暗访评估机制，定期对区、街政务服务中心及专业办事大厅进行暗访、摸查和评估，保障政务服务质量。

三　以绩效、效率激发区域发展

海珠区围绕建设现代化中心城区、打造海珠创新岛、推动产业转型升级、打造一流营商环境等重点领域，找准要害和痛点，不断提升效率，以重点带动全局，加快海珠发展速度。

（一）增强企业和群众更多"获得感"

海珠区开展2018"效率年"活动，推动简化审批程序，减少审批环节，清理规范行政审批中介服务事项，取消和下放一批行政许可备案事项，进一步降低制度性交易成本，激发市场活力和社会创造力。2018年推行"马上就办，最多跑一次"2.0版本改革，将力争在2017年整体提速率50%的基础上，重点突破非现场勘查类事项"马上就办"率达50%以上，不断降低企业和群众办事成本。

（二）以效率促效果

开展"效率年"活动，着重围绕经济提质、管理提效、民生提振、审批提速、亮点提升及重点项目、政务服务等方面，定下200余项指标、时间、进度。目前，琶洲互联网创新集聚区已入驻企业近500家，其中包括腾讯、阿里巴巴等十多家互联网、"互联网+"龙头或总部企业。按照广州市相关产业发展规划，到2025年，琶洲将建设成为互联网领军企业总部云集、互联网产业服务体系完善、互联网创业环境优越的新型CBD核心区，仅琶洲西区企业主营业务收入将突破5000亿元，新增就业人口10万人。2018年，琶洲地区还将重点先行先试探索打造12平方千米的琶洲"创新特区"，争取将其纳入国家级创新平台。

（三）将提升效率落实到各项重大决策部署中

海珠区将环岛路工程、围院式管理、新港路和江海大道的提升等11项重点工作，细化成一项项具体工作、一个个具体项目，层层压实责任；突出抓好琶洲地区23个重点项目建设，重点推进省中医琶洲医院、区文化服务中心等项目建设，增进民生福祉；继续深化"互联网＋政务服务"，探索"容缺审批"机制，增加"马上就办"事项比例，推进街道民生服务事项"当场办结"，不断优化投资营商环境。

（海珠区人大常委会供稿）

荔湾区：政务服务标准化建设，打造法治化营商服务环境

近年来，为不断优化荔湾区的营商环境，荔湾区委、区政府采取一系列强有力措施，在全国首创推出"一窗式"综合受理服务模式改革的基础上，高标准完成国家标准化委员会的"全国政务服务标准化试点项目"，把政务服务标准化建设作为打造法治化营商服务环境建设工作的突破口，不断提升荔湾政务服务的效率和水平，得到社会一致好评。

总体而言，荔湾区首创推出"一窗式"综合受理服务模式，并且高标准完成国家标准委的政务服务标准化试点项目建设，同时以打造"三个零距离服务"进一步优化区营商环境。

一 全国首创推出"一窗式"综合受理服务模式，打造以"服务需求"为导向的政务服务创新模式

荔湾区政务服务以建设"服务型政府"为理念，打破传统的政务服务模式和服务手段，以"互联网＋政务"为手段，以"大数据"为支撑，在全国首创实施"一窗式"综合受理模式

改革，搭建区、街、社区三级一体的政务服务体系，大大地优化了政务服务资源，以高效、快捷、方便的政务服务优化营商环境。

（一）创新政务服务模式，实现"一窗"全业务办理

以服务需求为导向，打破原有按部门、业务开设服务窗口惯例，设立"全业务"综合受理窗口。由区政务服务中心专业人员负责窗口服务，综合受理窗口均可办理所有的519项部门业务，部门审批人员只负责后台审批和业务咨询。这大大减少了服务窗口数量，把原53个部门窗口减少为11个综合受理窗口，既方便办事群众办事，又解决了传统政务服务"八大难题"（协调难、统筹难、管理难、高效难、查询难、共享难、监管难、告知难），并为实施联合审批、多证联办、跨城办理工作打下坚实的基础。通过一系列改革，荔湾区"综合受理窗口"可以统一受理联合审批、联合验收等并联审批业务。例如，荔湾区新注册餐饮企业，须办理营业执照、餐饮服务许可证、建设项目环境影响评价文件审批、竣工环保验收排污许可证核发、建设工程消防设计审核、建设工程消防竣工验收、消防安全检查合格证共7个业务事项，改革前最少需要7次到部门窗口办理，审批时间共需要136个工作日；改革后，只需1次到综合受理窗口提交联合审批材料，审批时间压缩至64个工作日，并减少重复材料23份，大幅提高窗口服务效率。

（二）创新服务规则，建立"依法申报、依法审批"的服务规则

"一窗式"政务服务的核心是采用按照"标准化收件清单"

的新模式，改变原有部门窗口人员负责咨询、收件、审核、录入、审批等"一篮子"低效率的传统服务模式，实施"前台统一受理、后台分类审批、统一窗口出件"的政务服务新模式，建立"收件、受理、审批、出件"的标准化服务流程，明确各流程环节工作人员的职责和权利。业务窗口只负责按清单收件和出件，部门审批人员负责咨询、受理、审批工作，现场勘查、监管工作由监管人员负责，明确各环节的主体责任，办事人只需按清单提供材料，无须与审批人员见面，消除了办事人与审批人之间的部分不信任关系和博弈关系，以"依法申报、依法审批"打造良好的法治化服务环境。

（三）创新服务手段，以"互联网＋政务"打通服务"最后一公里"

为真正方便、快捷地服务群众，荔湾区把信息技术和互联网应用作为政务服务改革的技术支撑手段，以"互联网＋政务"为解决方案，积极推进网上办事大厅、市民自助服务终端、微政务等信息系统建设，为办事群众提供多元化、个性化的方便、快捷的服务方式。截至2017年年底，519项业务全部进驻网上办事大厅，实现可网办事项数519项（是指可以在网上申报业务、办理），可网办率达到100%。荔湾区22条街道按照统一标准开通网上办事站，186个居委会全部开通网上服务站。以微政务、"市民之窗"自助服务终端，及"邮政＋政务"微政务点建设，并结合网格化管理平台和机制，致力于将政务服务延伸至社区百姓家门口，实现业务就近办理、业务跨城办理，以互联网应用打通"最后一公里"服务。

二 高标准完成国家标准委的政务服务标准化试点项目建设，打造法治化、标准化的政务服务机制

荔湾区坚持依法改革，注重机制建设，把"政务服务标准化体系建设"作为改革的机制保障。荔湾区政务服务中心于2015年5月13日被国家标准委批准成为政务服务标准化试点单位，并于2018年7月12日高质量通过国家级社会管理和公共服务标准化试点项目"广州荔湾政务服务标准化试点"的终期验收。荔湾区政务服务标准化建立了以服务通用标准为基础、以服务提供标准和服务管理标准为核心、以服务工作标准为支撑和保障的标准体系。

（一）建立服务通用标准（清单标准化、指南标准化、告知标准化）

各审批部门将办理事项收取的材料按照"荔湾区一站式行政审批系统"标准模板制作审批事项受理清单；编制以事项为入口的图表形式"办事指南"；在每个行政审批的"受理、审核、审批、出件"四个环节短信推送办事进度，在荔湾政府门户网站、政务微信平台实现受理清单、办事指南、办事进度自助查询功能。

（二）明确服务提供标准（受理标准化、平台标准化、审批标准化）

实行"一窗式"受理标准化"流水线"作业，群众按公开的办理指南材料清单提供办事材料，窗口受理人员按照受理系统材料清单收件，审批人员后台按照群众提交的材料清单事项进行

审批，群众办事不再逐一跑审批部门单设的窗口。以"荔湾区一站式行政审批系统"为公共信息共享平台，实现共享平台与各职能部门专业审批系统、电子证照库、材料库等进行信息数据联动，实现信息数据共享。实行行政职能部门审批权限统一由一个科室集中行使，审批科室行使审批权时，按照相关法律法规制作的统一标准化流程进行审批；对办理事项涉及多个部门或者审批过程中需要勘查的按照统一的联合审批、勘查机制进行联合集中审批或勘查。审批完成后，按照标准化格式，将审批结果反馈到"荔湾区一站式行政审批系统"平台。

（三）促进服务管理标准（流程标准化、监管标准化）

实行前台一窗受理标准化，中间公共平台与各职能部门专业审批网进行标准化对接，然后各审批部门按照审批程序各自审批，最后按统一出件标准由综合出件窗口出件，实现"收件—受理—审核—审批—出件"的有效对接。运用信息化技术对审批各环节设置审批时限，实行电子监管全覆盖、全流程"痕迹监管"，并对超时限的流程环节及时亮灯警示，整体提升行政审批效能。对各部门的行政许可实施和监督管理情况开展年度评价，以监督抽查、发现问题和督促整改为手段，强力推动行政许可规范落实。

三 以打造"三个零距离服务"为目标，不断提升荔湾法治化营商服务水平

为进一步贯彻落实国家、省、市有关推进"放管服"改革工作的文件精神，荔湾区以"共建共治共享"为新理念，不断深化

政务服务改革，把实现"三个零距离服务"作为新的工作目标，进一步推动政务服务理念的转变，推进"被动服务"为"主动服务"的转变，促进"管理型政府"向"服务型政府"的职能转变，进一步优化营商环境，提升政府治理体系和治理能力现代化水平。

（一）"网上零距离服务"

以政务服务网为核心网上办事服务，实施智能化的网上咨询、申报、预审、审批、配送的网上全流程联动服务，并拓展自助终端、移动终端智能办事服务，提升微政务服务能力，推进多模式的全流程"网上零距离服务"。

（二）"门前零距离服务"

不断完善街道政务服务中心、居委会、社区网格的政务服务体制机制，完善各街道政务服务工作平台建设，提升社区基层政务服务体系的服务能力，探索在区重点产业发展平台设立政务服务域的建设，推进政务服务到家门，并强化协办、代办服务，推进政务服务事项"门前零距离服务"。

（三）"大数据零距离服务"

推进大数据中心建设，实现网格中心大数据与政务服务大数据的整合，为精简类材料提供"大数据"支撑，深化证明、证照、批复文件等信息共享应用；并整合商业大数据资源，推进政务信息"大数据零距离服务"。

（荔湾区人大常委会供稿）

天河区：以纳税服务融合为抓手，助力营商环境优化

2018年以来，天河区税务局以贯彻落实国税地税征管体制改革为主线，聚集办税服务效率、降税减费政策落实、"互联网+"税务、征纳互动等纳税人关注点，大力推动原国税与原地税的服务融合，助力天河区营商环境在"便利化""国际化""现代化""可预期"方面再提升。通过大力推行"网上办、一厅办、一次办、同城办、预约办"，提高办税便利度和服务效率。

总体而言，天河区以服务融合为落脚点，从提速增效、降税减费、"互联网+"拓展、征纳互动四个方面对区营商环境做了进一步优化。

一 以服务融合助力提速增效，增进"便利化"办税体验

2018年1—10月，天河区通过大力推行"网上办、一厅办、一次办、同城办、预约办"，9个综合办税服务厅办税平均等待时间缩短到7.5分钟，同比下降31.3%。一是增便利，全面推行

"一窗通办"。根据上级部署,整合区内各综合办税服务厅的人员、窗口和硬软件设备,稳步推动涉税费业务办理服务从"一厅式"向"一窗式"迈进。9月底,9个综合办税服务厅、234个常设物理窗口基本实现"一窗通办"全覆盖,纳税人只要预约一个综合办税服务厅,到一个窗口即可办理原国税和原地税的主要基础业务。二是通堵点,全面优化注销服务。积极贯彻落实国家税务总局《关于进一步优化办理企业税务注销程序的通知》,从10月起全面实行清税证明免办服务,优化税务注销即办服务,落实"承诺制"容缺办理,最大限度降低纳税人准出门槛,激发市场活动。新增"注销业务"预约专号,设置"清税注销业务专窗"20个,统一由专窗集中受理注销清税事项,避免纳税人多头跑、多部门找。三是简流程,全面落实"最多跑一次"。按要求落实办税费服务"最多跑一次",对《清单》范围内555项办税费服务事项,在资料完整且符合法定受理条件的前提下,纳税人最多只需要到税务机关跑一次。落实新办纳税人"套餐式"服务,把新办纳税人法定义务办理事项、首次领用发票须关联办理的多个业务事项整合成业务套餐,网上一次性申请,加快办理效率。

二 以服务融合落实降税减费,激发"国际化"竞争活力

通过走访调研、上门辅导、打造线上线下纳税人学堂、制作"税税三人行"专题税宣节目、开展税收宣传月系列活动等形式,重点宣传落实好国务院7项减税政策、环保税开征和个人所得税新政以及阶段性降低职工社会医疗保险费率、工伤保

险八档差别基准费率等减费新政策，帮助企业用好政策，减轻负担。

（一）立体化宣传，扩大政策推送覆盖面

就近期个税新政热点，借助南风窗、时代周刊等区内主流媒体和网站、微信、新闻媒体等多渠道广泛宣传，制作《一分钟动漫带你看个税改革红利》专题宣传动漫，在新华社客户端、天河区委宣传部官方微信、省税务局官方微信、市税务局服务号联合推送。

（二）个性化服务，提高政策辅导精准度

积极落实优化科技创新环境10条新措施，建立局领导与科技创新企业对口联系制度，并由局领导带队走访酷狗计算机、中望龙腾软件等重点软件企业和高新技术企业，派发《支持科技创新税收政策汇编》，帮助企业更准确享受高新技术优惠、研发加计扣除等优惠政策，让税收红利带动企业效益。2018年超强台风"山竹"过后，主动走访重点建设项目、高新技术等企业，精准辅导企业用好灾后重建的税收优惠政策。

（三）网格化跟进，确保政策运用实效性

在上级指导下，按"属地为主，兼顾专业化"的原则，进一步优化区税务局的机构设置，理顺职责和流程，实现从前台到后台服务的全方位融合，更多的涉税费事项只需要跑一个税务所就可以完成。同时，配强税务所人力资源，加强网格化管理，更及时地响应属地内纳税人的服务需求。

三 以服务融合拓展"互联网+"，提升"现代化"治税能力

及时主动宣传推广电子完税证明、电子退税、"刷脸取号"等便民举措，借力"互联网+"科技，提升"现代化"办税体验。通过大力推广网上办税，实行"零次跑"。发挥流动导税人员和专业软件运维人员的优势，依托办税服务厅"e+税务"体验区，手把手辅导纳税人体验电子办税、微信办税、电子办税等现代化服务手段。目前，可在电子税务局"一网办理"的涉税事项达1134项，电子办税率、电子申报率均居全市前列。积极推广应用电子完税证明，拓宽电子缴款渠道，推进税款缴库退库全流程电子化，加速"无纸化"办税效率。例如，税费金退库平均耗时降低至17天，相较国家税务总局要求的30天时限压缩了近45%。全面推广增量房智能化办税，以增量房契税（非优惠类）、印花税作为突破，建立"移动终端、自助终端"相结合的房地产自助办税模式，填表、缴款、取票等一次性办结，全程线上办理。同时，进一步拓宽自助办税、微信办税的应用范围。目前，天河区房产交易办税厅的即办业务占比达90%，是全广州市即时办结业务覆盖率最高的不动产办税点。全面实行实名认证，试点"刷脸取号"。积极宣传引导纳税人进行实名办税，实现全事项"先实名后办税"，减轻纳税人报送、填写资料的负担。在全市率先试点上线推广"刷脸取号"业务，提高取号效率，防范个人隐私数据泄露和被盗用等风险。

四 以服务融合促进征纳互动，营造"可预期"税收环境

通过走访问需、公开承诺、加强信用管理等措施，密切征纳互动，强化涉税信息互通与共享，营造"可预期"税收环境。

（一）深入开展走访调研，问需求促联系

组织开展大走访、纳税人开放日、"问需求、优服务"纳税人座谈、青年文明号开放周等活动，通过"走出去"与"请进来"相结合，在宣传落实税费政策及便民举措的同时，完善纳税人需求征集、响应、反馈等机制，拓展工作微信群、税务企业号等"指尖上的纳税服务"，密切税企联系。

（二）主动践行服务承诺，共监督促服务

结合贯彻落实党的十九大精神等工作，发布《履职尽责公开承诺书》，做出"改进纳税服务，为优化营商环境增活力"等八项承诺，并开展"大承诺"党员承诺践诺主题活动。同时，以办税服务厅为主阵地，开展"亮初心、亮使命、亮身份、亮岗位、亮承诺"的"五亮"活动，把优化服务的承诺"亮"出来，自觉接受群众监督。

（三）积极完善信用体系，助共享促共治

开展"诚信兴商"宣传月活动，以中介机构为重点对象，加强纳税信用宣传。完善纳税信用等级"奖惩"机制，对连续三年被评为纳税信用等级 A 级的纳税人推出"双向预约"服务，积

极参与"银税互动",加强与银监部门、银行业金融机构的合作与信息共享,将纳税人的纳税信用与融资信用相结合,对依法诚信纳税(费)的纳税人提供更优的金融产品服务,对不依法诚信纳税(费)的纳税人实施限制,促进诚信纳税。

(天河区人大常委会供稿)

白云区：强化扶持，助力龙头企业强劲"领跑"

日前，白云区正式印发《广州市白云区龙头骨干企业培优三年行动计划（2018—2020年）》（以下简称"培优计划"），旨在打造一批具有自主创新力、掌握核心关键技术的行业龙头，扶持发展辖区内具有发展潜力的龙头企业，推动资源向龙头骨干企业集中，将发展的着力点放在实体经济上，让龙头骨干企业在区域经济发展浪潮中强劲"领跑"，为经济持续健康发展打造新引擎，构建新支撑。

产业规模不断扩大，产业结构持续调整。1—9月，白云区生产总值1405.79亿元，同比增长6.1%。分产业看，第一产业增加值20.99亿元，增长3.8%；第二产业增加值239.47亿元，增长5.5%；第三产业增加值114533亿元，增长6.4%。第三产业对增长贡献率达到81.47%，拉动经济增长5.5%。产业发展积极向好，产业增长稳中向好。2018年1—9月，白云区各大产业发展总体趋于稳定，呈现出稳中向好的积极变化。工业方面，规模以上总产值547.93亿元；商业方面，社会消费品零售总额实现770.7亿元，同比增长7.5%。产业创新不断突破，创新成果不断累积。1—9月专利申请量11992件，同比增长54.9%，其中发明专利申请位于全市各区第 5 名，发明专利授权量位居全市第 4 名。

总体而言，白云区从企业规模、企业动能、企业发展空间和企业发展生态入手，鼓励企业做大做强，支持企业科技创新、开拓市场，并且保障企业发展要素，进一步优化区营商环境。

一　壮大规模，鼓励企业做大做强

对 2018—2020 年间首次入选"世界 500 强"的企业给予 1 亿元奖励，对首次入选"中国企业 500 强"的企业给予一次性 500 万元奖励。同时，支持企业按照市场运作原则并购重组外地上市公司并将其注册地迁入白云区，对成功迁入的给予一次性奖励 500 万元。通过大手笔的奖励扶持，鼓励龙头骨干企业壮大规模拓展实力，充分发挥大型企业支撑引领的示范带动作用。培育龙头骨干企业的关键在于，支持和培育龙头骨干企业做强，达到"一个龙头企业带动一个行业、产业集聚发展"的目标。

二　提升动能，支持企业科技创新

在财政扶持方面，除积极帮助企业落实国家、省、市财政扶持资金外，培优计划重点在研发投入、技术改造、创新平台建设、智能化改造应用、专利创造及企业品牌等方面，提高相应的配套扶持资金额度。培优计划重点支持企业提升创新发展能力。研发投入方面，将着力推动主营业务收入 5 亿元以上大型工业企业研发机构全覆盖，对获得市研发机构资金扶持的企业，提高区级配套扶持资金，按市级扶持资金给予 1∶1 配套。鼓励企业加大技术改造力度和智能化改造应用，技改方面对获得市财政资金支持的竞争性项目，区级资金给予市级财政扶持资金50%的配套扶持，最高金额不超过200万元。智能化应用上，对获得市财政支持的项目，区级给予与市级1∶1配套奖励，最高金额不超过200万元。

尤其在创新平台建设方面，在培育期内获得国家实验室、国家重点实验室、国家工程研究中心、国家企业技术中心、国家技术创新中心、国家制造业创新中心和国家临床医学研究中心等国家科技创新基地认定的或者是获得国家级认定的特色孵化器和众创空间，区级最高分别给予150万元和30万元的资金奖励。针对具有省级或以上研发机构、参与过国家标准和行业标准制定的龙头骨干企业，在符合认定标准的前提下给予优厚奖励，最高达1.3亿元。在此基础上，支持培优企业提升创新发展能力，鼓励企业共同建设"智慧白云"，优先保障龙头骨干企业加快实施"企业上云"计划。当前，白云区正在加快实施"企业上云"计划，推广企业云计算、大数据、物联网、智能制造等新技术、新模式的应用。龙头骨干企业将优先得到保障，申领公有云、软件开发云及城市产业云等云券，助力企业上云、用云。

此外，培优计划将重点加强对企业自主创新保护力度。对于企业的专利创造奖励，在区科技政策的基础上增加。鼓励企业积极实施名牌战略，对新获得当年度的中国驰名商标称号、广东省名牌产品、广东省著名商标称号、广州市著名商标称号的，在区级名牌奖励政策的基础上增加50%的奖励。

三　扩大发展空间，支持企业开拓市场

积极响应国家"一带一路"政策，支持区内企业参展办展，

发展外贸新业态。对于区内展会，在场地、宣传、活动等方面给予相应的支持；鼓励企业发展跨境电商，带动产业链上下游企业共同发展。引导企业"走出去"，在"一带一路"沿线国家或地区开展园区等基础设施建设及关键领域合作，配合省市，支持广州白云国际航空枢纽机场建设，加密"一带一路"沿线国家或地区航线。

四 优化发展生态，保障企业发展要素

培优计划就是要重点培育和支持实力强、潜力大、发展思路清晰、扎根本土的龙头骨干企业。新一轮的产业政策明确表明扶优扶强的方向，未来白云区将继续加大要素资源保障、优化政务服务等，继续筑牢经济"压舱石"。一方面，搭建政府、企业及行业协会的沟通平台。积极营造良好的营商氛围，对于龙头骨干企业，各部门进一步简化和完善行政审批程序，强化服务意识，提速审批，限时办结。结合时政热点，定期分专题、板块对龙头骨干企业进行宣传报道，加大优质企业的宣传力度，针对龙头骨干企业的先进经验和营商做法，定期举办专题讲座，共同探讨行业技术发展，推动行业集聚化、高效化。同时，充分利用成立的行业协会，发挥其在行业信息交流、平台服务、业务合作和产业集聚辐射等方面的优势和能动性，为企业提供政策咨询与培训宣贯，搭建政府与企业良好沟通的桥梁，持续做好政策传递解读，促进行业产业快速健康发展。另一方面，人才的智力支撑是企业发展的必备要素。现在，高端人才对于企业的选择，更多侧重于生活要素保障，对于入选的龙头骨干企业，该企业当年度的人才入户指标额及员工随迁子女（非广州户籍）入学指标额在区级普

惠政策基础上增加50%。此外，白云区还将优先推荐龙头骨干企业的领军人才、从事核心技术或关键技能岗位人才申报广州市人才绿卡，使其在医疗保健、金融投资、政务服务等方面享受市级政策。同时，配套区级高层次人才服务，龙头骨干企业区级普惠政策项目中享有优先权。例如一家工业"四上企业"，上一年度营业收入5亿元以上，纳税总额在1000万元（含）至3000万元，且满足其他相关条件要求的，一年可以申请3个人才入户指标、5个人才随迁子女入学指标（具体企业按其实际营收和纳税总额具体核算）。培优政策在企业人才的扶持保障方面非常有针对性，并贴合实际，可以有效解决企业发展后顾之忧。

（白云区人大常委会供稿）

黄埔区：用好"关键一招"，打造"黄埔营商"

2016年以来，黄埔区、广州开发区对标国内外最高最好最优，立足区域实际，坚持问题导向，聚焦难点痛点堵点，持续深化"放管服"改革，把企业投资建设项目审批作为改革的"先手棋"，率先实现企业筹建全链条38个审批事项集中审批，持续开展审批流程再造，大幅压缩审批时间，提高审批效率，成为国内办理企业投资建设项目行政审批"流程最优、材料最简、成本最低、时间最短"的地区之一。2018年5月24日，省委全面深化改革领导小组会议同意黄埔区创建营商环境改革创新试验区。6月10日，省委全面深化改革领导小组正式批复建设"广东省营商环境改革创新试验区"。

黄埔区、广州开发区努力践行"以人民为中心、以企业为主体"理念，紧扣中央"放管服"改革要求，围绕建设现代化经济体系，深化营商环境改革创新试验区建设，聚焦企业和群众办事"痛点""堵点""难点"，瞄准国内外最高最好最优，在不破红线、不闯红灯的前提下，大胆削"繁"、治"拖"、破"堵"，打响"来了就办、一次搞掂""承诺制信任审批""订制式审批服务""秒批"等改革品牌，打造了"流程最优、材料最简、成本最低、时间最短"企业投资建设审批样板,在推进行政审批改革方面闯出一条新路。黄埔区大胆探索可复制的"黄埔经验""广州开发区模式",做到"处处优化营商环境、人人都是营商环境"。

总体而言,黄埔区通过进行综合审批改革实验,深化知识产权运用和保护综合改革实验,并推出全国唯一政策兑现服务,进一步优化区营商环境。

一 跑出最快审批速度,打造企业服务"高速路"

针对企业吐槽的审批"万里长征",在不破红线、不闯红灯的前提下,大胆削"繁"、治"拖"、破"堵"。第一,实现时间最短。设立全省首家行政审批局,集中承接8个部门审批职能,只进一扇门,只盖一个章,推动事前审批与事中事后监管相分离,行政审批与技术审查相分离。审批时间大幅压减,企业投资项目由原来110个工作日缩短至15个工作日,财政投资项目由466个工作日缩短至75个工作日。第二,实现程序最简。印发"信任审批""来了就办、一次搞掂"等改革方案,推行预约审批、订制审批、集中审批、分类审批、现场审批,在全国首推"秒批"政务服务事项,涵盖14个部门223个事项,实现涉企证照"44证合一",企业开办1天内办妥。第三,实现成本最低。对企业反映集中、审批量大、专业性强的审批服务事项,由区财政统一购买服务,切实为企业"降成本"。改革后,企业投资建设项目平均只需提交4.8份材料,信任审批只需提供1份材料。

二 推出最强制度供给，打造企业投资"引力场"

以制度创新破解企业经营中的"痛点""堵点""难点"，打造"企业离成功最近的地方"。一是推进政策创新集成。率先推出高新技术产业、先进制造业、现代服务业、总部经济4个引资引技"黄金十条"政策，以及人才、知识产权2个"美玉十条"，"金镶玉"政策组合拳深受企业好评。2017年以来，吸引上千家企业来区考察，签约175家，总投资3300亿元。二是推出"民营经济十八条"。全面贯彻落实党的十九大精神和习近平总书记在广东、广州考察调研时的重要讲话精神，全力以赴在政策、融资、营商环境等方面解决实际困难，出台"支持民营经济十八条"，破解融资难融资贵，全面减轻企业税费负担，支持企业自主创新，为民营企业、中小企业发展创造更好条件。三是推动企业筹建大提速。出台全国首个"信任筹建行动方案"，实现从"室内审批"到"现场审批"、从"图纸作业"到"实地指导"的转变，迈出"一个月审批、三个月交地、六个月动工"快节奏，一批重点项目实现当年签约、当年开工、当年投产。

三 创出最优法治环境，打造企业发展"防护林"

着眼构建稳定、公平、透明、可预期的营商环境，为企业发展保驾护航。一是打响知识产权品牌。黄埔区作为全国唯一的知识产权运用和保护综合改革试验区，聚集广州知识产权法院、国家知识产权局专利审查协作广东中心、广州知识产权仲裁院等专业机构64家，成为国内知识产权要素最齐全、链条最完整的区域，大力鼓励和保护创新。二是打响信用黄埔品牌。深化"创新行政管理方式，加强事中事后监管"改革试点，率先推行跨部门、跨领域"双随机、一公开"监管改革。率先运用区块链技术构建社会信用体系，实现属地企业信用和产品质量全程实时可监督、可追溯。三是打响政策兑现品牌。将13个业务部门、58项政策、258项政策事项归口"一窗"兑现，承诺兑现时长不超过34个工作日，实际平均时长10.5个工作日，最短8.5小时，提升效率4倍以上。四是打响"美丽黄埔"品牌。高水平建设城市客厅，打造精品城市家具，实施景观亮化工程，点亮"月亮经济"；高质量承接全省"三旧"改造改革创新试点，试行更新改造单元制度，累计完成固定资产投资512亿元，开工建设改造项目29个，开工面积约485万平方米，竣工面积约230万平方米；攻坚克难推进征地拆迁和查违拆违，完成征地3900亩、拆迁9.7万亩，查处各类违法建设4000多宗，"让老城市焕发新活力"。

（黄埔区人大常委会供稿）

花都区：持续优化营商环境，打造政务服务花都速度

近年来，花都区贯彻落实习近平总书记"四个走在全国前列"要求，持续深化"放管服"改革各项工作，扎实推进审批服务便民化，探索集约、高效、便民的一流政务服务，打造出高效政务服务"花都速度"，营造改善市场化、法治化、国际化营商环境。花都区扎实推进高效、便民的审批服务，打造高效政务服务的"花都速度"。2018年1—9月，区政务服务中心共受理业务60035宗，同比增长20.35%，已办结59990宗，办结率99.9%，1—9月新批企业7863户，同比增长3.86%，其中新批内资企业7815户，新批内资注册资本2637581万元；1—9月新批外资企业48户，新批外资投资总额（含增资数）639817万元，新批外资注册资本（含增资数）557890.36万元。

实行"一窗受理""一网通办"模式，区级24个行政部门的584项事项、街镇级402项事项均已实现一窗综合受理，并且可以进行事项100%预约功能，584项综合受理业务均可在网上办事大厅和花都政务微信公众号进行预约办理。目前，花都区近98%各类事项已实现"最多跑一次"。而且，创建花都特色"重点产业项目绿色通道"后，截至10月15日，纳入区重点产业项

目库项目共52个，累计投资总额335.07亿元，预计产值759.35亿元，税收42.04亿元。其中，已动工建设项目30个（通过实施全程代办，2018年取得《建筑工程施工许可证》的项目数为9个），动工率58%，累计投资总额254.28亿元，投产后实现产值584.7亿元，税收3379亿元。对申请材料进行调减，由原来的32份减至12份，减幅达62.5%，企业办证由原来40个工作日办结被压缩到3个工作日，办理时限压缩93%。

在新开办企业方面，拟开办企业只需到中国工商银行、中国农业银行、中国建设银行网点，递交一套资料便可将开办企业所需的7个环节压缩为办理营业执照、刻章备案、银行开户和税务业务一站式办理，在符合申办条件、材料齐全的前提，最快半天时间完成所有环节。企业开办时间由原来的平均17个工作日压缩至最短半个工作日，比全国平均时间8.5个工作日减少8个工作日，最大限度实现企业开办"流程最优、时间最短"。

总体而言，花都区通过"互联网+政务服务"、简化流程创新模式、打破广佛行政壁垒等方式，采取重点项目全程代办的"保姆式"服务，对区营商环境做了进一步优化。

一 "互联网+政务服务"，群众办事少跑"马路"

目前，花都区政务服务工作按照"互联网+政务服务"要求，搭建"花都区政务服务平台"，基本实现"一门进驻""一窗受理""一网通办"。协调各职能部门进行系统对接，实现数据共享，打破原来多部门传统摆摊式分散窗口模式，实现了任一窗口可办全部事。目前，国规、住建、食药监、市场监管等8个部门实现系统对接，解决企业办事多部门跑动、材料多次提供问题。同时，建成电子证照库，逐步实现电子证照信息获取、验证、互认、共享，让材料多走"网路"，办事群众少跑"马路"，实行全事项预约服务，在此基础上，还推出"办事不出门"事项清单，最大限度实现利企便民。

二 简化流程创新模式，打造政务服务"花都速度"

为进一步优化建设工程项目国土规划审批流程，促进审批服务提质增效，花都区系统梳理建设工程项目审批事项和流程，对《建设用地规划许可证》《建设用地批准书》合并办理涉及的申报材料进行调减，并根据企业具体情况，量身定制个性化材料清单。按照"并联审批+集中审批"要求，建设用地规划许可证和建设用地批准书实行并联审批、一窗通办，有效地提升建设工程项目审批效率，降低企业经营成本。

为了更加精准贴近企业，延伸服务触角，花都区推出新开办企业"照章税银"全流程网办联办模式，企业可以在家足不出户完成网上在线申办企业、刻章备案、税务业务办理等一系列流程。花都区政务服务中心将服务范围扩大到银行网点，拟开办企业只需到中国工商银行、中国农业银行、中国建设银行网点，递交一套资料便可将开办企业所需的7个环节压缩为办理营业执照、刻章备案、银行开户和税务业务一站式办理。

在商事登记改革方面，花都区不断优化服务举措，着力打造新型O2O商事登记帮办服务，在区政务服务大厅专门设置商事登记服务引导员，对商事主体咨询、名称自主申报、经营范围自助录入、网上办理、后续许可手续等提供高效服务，通过开通"双向快递"服务，实现全程网上办理，对资料齐全的开办申请，实现"当日受理，当日办结"，并借助"人工智能＋机器人"等现代化手段，推进注册登记全程电子化改革，实现"网上申请、网上审核、网上发照、网上归档"一条龙服务。除此之外，花都区还提供网上办理短信提醒服务，及时将在网上登记的受理、审核、发照等重要环节通过短信及时反馈给申请人，便于企业及时掌握办理进度。

推进智能信息化，政务服务走进村里头。目前，花都区各部门、各街镇、各村居千兆光纤均已接通，信息化建设逐步向基层延伸。依托信息化技术的应用，目前188个行政村、64个社区全部在网办大厅建成村（居）办事点，三级政务服务机构使用统一的综合受理系统，为企业群众构建区、街（镇）、村（居）三级分工清晰、联合互动的统一政务服务平台。各街镇政务服务大厅设立了远程视频咨询窗（点），办事群众可通过远程视频咨询各类服务事项相关问题，并在区、镇街及部分村居部署邮政"蜜蜂箱"，通过在"蜜蜂箱"终端加载政务服务功能，促进政务服务自助终端向社区、村居、小区的延伸和推广，市民在家门口就可以办理有关事项。

三 打破行政壁垒，实现广佛跨城通办

随着广佛两地经济与社会融合加深，为提升广佛两市人民幸福感，2017年11月13日，花都区和佛山南海区首次实现行政审批跨城通办，第一批共推出4个跨城通办事项，主要涉及

南海区与花都区两地的内资有限责任公司设立登记和分公司设立登记。同时，花都区与佛山南海行政中心通过部署"市民之家"自助服务终端机，与自助终端机厂家深度合作，将工商名称核准、城管临时占道经营等事项放到自助终端机上办理，实现政务信息查询、材料证明打印、税费处罚缴款等事项的跨区域自助办理。基于与南海区的跨城通办经验模式，2018年花都区与佛山三水区紧密合作，9月25日，佛山三水区正式印发第一批"广佛跨城通办"事项188项（实体大厅170项、市民之窗20项，市民之窗的2项可在实体大厅办理，故不做重复统计），主要涵盖工商、卫计、食药监、人社、农林渔业等范畴。其中，花都区代三水区办理的事项188项，三水区代花都区办理的事项210项。10月25日，三水、花都首个跨城通办事项办结。花都区与佛山三水区两地通过办事系统互用、服务终端共享、物流传输送达等方式，打破行政壁垒，构建跨界协同、运转高效的广佛两地政务"跨城通办"服务模式，实现"窗口收件、两地互通、限时办结"，缩短广佛之间时空距离、方便两地群众就近办事。

四 重点项目全程代办，"保姆式"服务创广州先例

为加快区重点项目的落地，花都区专门成立区重点项目建设中心，结合行政部门与政务平台，对区重点项目采取"保姆式"全程代办服务，建立起"互联网+政务服务平台"，线上通过"网上办事大厅+微信群"进行服务，线下通过"项目走访+每周碰头会+召开协调会"，加速项目动工建设，实现重点项目大

提速。

在提供全程代办服务过程中,针对重点产业项目企业不清楚"做什么""怎么做""找谁做"的问题,花都区重点项目建设服务中心对企业拿到地后到开工建设涉及的30多个部门133项审批事项进行全面梳理,绘制了全市首张可操作性强、实用性高的项目报建流程图,具体到每个项目的每个审批环节、责任部门及须由项目方负责的工作、资料等,并通过实操对流程图的部分审批环节进行持续微调和优化,让外行人能看得懂、办事人能办成事,具有很强的"实用性"。

针对各类项目报建的不同要求难以在一张图上展示的问题,花都区重点项目建设服务中心系统梳理各类项目报建审批流程,结合各审批(办理)部门最新办事指南以及大量代办项目实践案例,整理编制《花都区重点产业项目代办报建手册》,梳理汇总了39大类审批服务事项,将报建过程中需要准备的材料、工作要点等全部纳入,并根据工作实际按程序进行调减、调增,成为重点产业项目审批报建最全面、最权威的办事指南,对于其他项目具有可复制、可推广的指导性意义。

为加快重点产业项目审批效率,根据《花都区重点产业项目代办报建手册》,指导企业提前准备报建资料,及时查缺补漏,加快设计等第三方工作进度,对报建过程中出现的问题及时召开多部门协调会,面对面进行现场咨询、答疑和指导,为企业一次性解决多项问题,针对省级、市级重点项目,进行"容缺预审",并专门制作了《花都区重点产业项目资料袋》,统一发放给项目单位,用于办理审批事项入件递交给各审批部门,区别于普通项目优先审批,力争最大限度缩减审批时间,最快速度跑完报建流程,最高效率推动项目落地。目前,花都区已顺利实现最快15

个工作日完成项目从报建到开工建设的所有手续，普通项目总体报建时间也由原来的18个月缩短到6个月以内，其中职能部门审批时间从81个工作日缩短到45个工作日。

（花都区人大常委会供稿）

番禺区：破解"三大难题"，优化营商环境

《人民日报》公布的2017年中国中小城市科学发展研究成果显示，番禺位列"全国投资潜力百强区"第五，"全国综合实力百强区"第十。作为一个时尚与传统交融、极具投资和发展潜力的宜业宜居品质城区，番禺的突出优势可以概括为"三有四好"——有历史、有文化、有人才，好吃、好住、好玩、好赚钱。为贯彻落实习近平总书记在中央财经领导小组会议上要求广州等特大城市率先加大营商环境改革力度的重要指示精神，当好"四个走在全国前列"排头兵，番禺区按照省、市部署，凝心聚力，全面优化营商环境，提升地区经济发展软实力。

截至2018年9月中旬，番禺区政务服务事项共计1855项（不含行政处罚、行政强制、行政检查），群众办事"最多跑一次"的事项1776项（其中实现0次到场办理779项，1次到场997项）。区政务服务中已进驻26个部门，可办理675个事项，其中23个部门593个事项纳入综合窗口"一窗办理"，行政许可部门共受理478个涉企事项，企业工商登记注册平均时间是1.5天。

总体而言，番禺区以"全力以赴、深化改革；全面优化、积极创新"的态度对区营商环境进行了优化。

一 全力以赴，深化改革，全面优化营商环境

搭建优化营商环境联席会议机制，统筹推进优化营商环境改革工作，成立番禺区优化营商环境联席会议，由区委书记担任总召集人、区长担任副总召集人，联席会议下设办公室和6个专责小组（审批改革、重点企业项目服务、社会投资建设工程审批、执法监管、政策研究、监督落实），全面推进营商环境改革工作。6个专责小组和各成员单位从解决企业和群众最关心、最现实、最迫切问题入手，通过开通企业服务热线、建立"企业服务微信群"、走访企业、开发企业服务App等方式，积极帮助企业解决困难，实现快速发展。

制订印发《番禺区优化营商环境改革工作总体方案》及6个专责小组改革方案。根据番禺区委、区政府全面优化营商环境的工作部署，区优化营商环境联席会议办公室牵头6个专责小组深入研究制订了《番禺区优化营商环境改革工作总体方案》和审批改革、重点企业项目服务、建设工程审批、执法监管、政策研究、监督落实6个专责小组改革工作方案（以下简称"1+6改革方案"），并经区委、区政府研究同意后印发实施。"1+6改革方案"以降低企业投资经营成本，营造稳定公平透明、可预期的市场经营环境为重点，进一步深化"放管服"改革，降低市场准入门槛，提升政务服务水平，解决政府干预过多和监管不到位等问题，全面清理废止或修改不利于企业发展、市场竞争、阻碍要素流通的规范性文件，全力打造法治化、国际化、便利化的营商环境。

深化"放管服"改革，优化政务服务环境。一是大力开展"减证""减材料""减环节"行动，优化行政审批流程，提升审批效率。二是动态调整行政许可备案事项目录，对外公布《广州市番禺区行政许可、备案事项目录（2018年版）》。三是实行"照前三证合一"改革，印发《番禺区深化场地使用证明共享互认及实施"照前三证合一"工作方案》，各部门审批事项可通过内部系统直接调用场地证明电子证照，实现共享和应用。四是优化人口入户审批流程，印发《番禺区优化人口入户流程工作方案》，将人口入户办理时限从15—90个工作日压减至7—45个工作日，办理时限压减50%以上。五是大力推进"互联网+政务服务"建设，印发《番禺区深化民生卡应用推进全程电子化商事登记工作实施方案》，实现办照"一次不用跑"。六是推动"集成服务"改革，已集成23个职能部门593个业务事项。七是取消公章刻制审批，启用新印章备案系统，企业刻章备案业务逐步由公安窗口过渡到印章店办理，实现取章"最多跑一次"。八是加快网上中介服务超市建设，出台《番禺区网上中介服务超市建设工作方案》，优化中介服务资源配置，规范中介服务行为。九是完善村居公共服务站功能建设，将番港慈善基金救助、摩托车报废业务下放至村居公共服务站办理，方便群众办事，打通服务群众"最后一公里"。

加快建设工程审批改革，预期实现审批时间压减一半以上。聚焦建设工程报建中的"难点""痛点""堵点"，深入研讨，着力创新，推动建设工程审批改革流程再造，做到"减审批、强监管、优服务"，预期实现审批时间压减一半以上的目标。专责小组起草"2+6"建设工程审批改革方案及配套文件，全面梳理优化，取消审批备案事项12项，提前告知或办理事项8项，后置事项 4 项，将社会投资建设工程从签订土地使用权出让合同到竣工验收的 20 个环节精简为 10 个环节，73 个事项合并为 22 个事项，总审批时间压减为 46—68 个工作日，比市 2017 年审批制度改革后的 327 个工作日压减 79%—86%。

完善制度措施，提高政策供给的精准度。一是按照企业扶持、自主创业、科技创新、人才培育等分类，甄别梳理出 36 份政策文件，编制《营商环境政策汇编》，同时在政府网站上开通"优化营商环境政策"专页，便于投资者了解番禺区优化营商环境政策。二是对现行规范性文件和其他政策措施进行全面清理，已梳理文件 4122 份，清理了 132 份含有妨碍营商环境建设、地方保护等内容的文件。三是加快制定出台一批产业转型、人才培育、招商引资政策文件，如区贸促委起草了《番禺区促进珠宝首饰产业转型升级发展管理办法》，区委统战部起草了《番禺区促进民营经济发展实施意见》，区教育局起草了《番禺区基础教育高层次人才引进办法》。这些政策的出台，提高了企业投资的信心，为打造法制化营商环境提供了政策保障。

强化监督检查，营造风清气正的营商环境。坚持围绕中心、服务大局，以"零容忍"的监督态度、科学有效的监督机制、规范严谨的监督程序、严肃认真的监督作风，做好优化营商环境的监督检查工作，为营造风清气正的营商环境提供坚强纪律保障。畅通信访举报渠道，加强问题线索交办督办，深化暗访、查处、问责、曝光"四位一体工作机制"，推动以案促教、以案促防、以案促改，对政务管理、审批环节"不担当、不作为、不负责""以权谋私、吃拿卡要"典型案例进行通报。聚焦民生热点问题，展现窗口作风建设成果，倾听民意，关注民生。积极探索容错纠错机制，区别对待探索失误和违纪行为，为担当者担当，为负责者负责，为改革创新者撑腰鼓劲。

通过建架构、优服务、简流程、深改革、强基础、重应用等措施，不断改善营商环境，简政放权、放管结合、优化服务三管齐下，政务、法治及市场环境持续向好。但通过调研，也发现存在许多影响营商环境提升的问题。进入新时代，建设现代化经济体系，推动高质量发展，对营商环境提出新的更高要求。

二　全面优化，积极创新，着力提升企业便利

创建重点企业项目服务机制，为企业提供贴心到位的服务。重点企业项目服务专责小组根据优化营商环境统一部署，积极主动服务重点企业及项目，为重点企业及项目较快推进提供高效的指引和协助。一是组建区、镇两级重点企业项目服务组，区级服务组由区政务办、区发改局、区科工商信局等24个部门组成，镇街重点项目服务组由镇街分管领导、政务中心、经济办相关人员组成，为重点企业和项目提供专人跟踪督办和协办服务。二是建立重点企业项目库，入库企业主要包括番禺区"五个一批"企业158家，镇街规上企业（制造业年产值2000万元以上的工业企业）1239家，使重点企业项目服务更有针对性。三是研究制定重点企业项目扶持优惠措施，强化重点项目审批"绿色通道"管理，设立重点企业服务热线，开展"一周一企一策"走访调研活动，精准施测解决企业实际问题，截至9月中旬，共走访企业290家，为企业解决435个问题。

建设工程审批改革全面优化。社会投资建设工程审批改革专责小组起草了"2+6"建设工程审批改革方案及配套文件，全面梳理优化，取消审批备案事项12项，提前告知或办理事项8项，后置事项4项，将社会投资建设工程从签订土地使用权出让合同到竣工验收的20个环节精简为10个环节，73个事项合并为22个事项，预期实现总审批时间压减为46—68个工作日，比市2017年审批制度改革后的327个工作日压减79%—86%。对比广州市的方案，番禺区的方案有四大优势：一是覆盖事项全面，审批时限更短。二是能并联不串联，审批流程更优。以行政审批与确认为主线，并联审批辅线、技术审查辅线并行推进，实现审批审查多层次的并联推进，大大缩减审批时间。三是行政审批与技术审查全分离、双限时。四是多措并举，提高招投标时效，推行预选承包商企业库，取消资格预审，强化标后监管。

实行"照前三证合一"改革。由于防范和处置风险方面的考虑，广州市没有完全放开企业住所自主申报，在经营场所负面清单范围内的新设企业仍然需要提交住所或经营场所的使用证明。番禺区许多物业未取得房产证，在办理营业执照前都要先办理场地证明手续，但这项业务在各镇街的办理标准不统一，负责审批场地证明的部门也不相同，有时候办理一份场地证明甚至需要几个月的时间。因此，商事登记业务的"照前"环节需要进一步优化，印发了《番禺区深化场地使用证明共享互认及实施"照前三证合一"工作方案》，各部门审批事项可通过内部系统直接调用场地证明电子证照，实现共享和应用。"照前三证合一"通过合并办理事项、简化核验环节、优化勘验程序、独栋出具证明、负面清单制度、异常名录管理、协同监管机制及全流程办理等优化和整合措施，实现办理场地证明、租赁合同登记备案、营业执照集成服务，办理时间由原来的20个工作日压缩到5个工作日，到场次数由6次减至2次，进一步提升企业开业便利度。

（番禺区人大常委会供稿）

南沙区：打造"智慧口岸"品牌，着力提升贸易便利化水平

南沙区认真贯彻落实广州市关于建设国际航运战略枢纽的工作部署，深入推进口岸通关便利化改革，积极探索建立与国际贸易通行规则相衔接的制度框架，全力打造以"智慧服务、智慧流程、智慧监管、智慧联通"为主要内容的南沙"智慧口岸"。

南沙自贸区挂牌以来，在口岸通关方面累计形成创新经验141项，属全国首创36项，在全国率先推出"互联网＋易通关"、建设全球质量溯源体系、全面实施边检出入境无纸化申报、建立海事无人机智慧口岸服务队、建设船舶载运危险货物比对快速通关、实施免除查验没有问题外贸集装箱查验费试点等一批标志性改革举措，贸易便利化水平得到进一步提升。启动国际贸易"单一窗口"标准版推广应用，建成18个功能模块，涵盖21个部门，实现多部门业务"一点接入、一次申报、一次办结"，货物、运输工具和舱单申报使用率均达100%。建设货物通关"线上海关"样板间，深化口岸营商环境"放管服"改革，推进通关流程"去繁就简"，每票货物的通关时间压缩0.8—5.4个小时，企业办事效率提高80%以上。率先建立全球质量溯源体系，目前，已涵盖一般贸易、跨境电商、市场采购出口等贸易方式，

覆盖食品、消费品、汽车等品类，共发出溯源码5331万个，溯源商品货值达534.63亿美元；已有542.34万人次通过"智检口岸"平台进行溯源查询。先行试点政府购买查验服务，目前，受惠外贸企业超过2300家，惠及33.6万个（次）集装箱和40.7万吨入仓待检货物，累计免除查验没有问题企业费用1.5亿元。推动粤港澳检验检测计量三方互认，"CEPA食品"2017年进口量同比增长100%。通过海关高级认证的AEO企业，在全球33个国家（地区）特别是在欧盟28国获得信用互认，在全球享受通关便利。近七成企业反映，在国外通关成本下降30%。

总体而言，南沙区通过推行"智慧服务"、优化"智慧流程"、实施"智慧监管"、实现"智慧联通"等方式，进一步优化了区营商环境。

一　推行"智慧服务"

（一）建设国际贸易"单一窗口"

上线运行国际贸易"单一窗口"2.0版，深入实施"互联网+易通关"。建立网上24小时通关自助办理通道，将海关通关环节和手续"上网上线"，推动线上申报全覆盖，实现自助报关、提前归类审价、互动查验、自助缴税等功能。目前，已建设形成"易通关"平台、"关邮e通"、"穗关在线"移动端，覆盖货物通关、邮件通关、物品通关、加工贸易、政务服务五个领域227项业务。

（二）深度应用"智检口岸"模式

建成"互联网+检验检疫"全流程无纸化网上办事大厅，以信息化、智能化为手段，全面整合产品信息、企业信息和监管信息，全面覆盖所有进出口贸易方式和业务类型。企业在任何地点、任何时间均可通过互联网登录"智检口岸"公共服务平台进行无纸化申报，实现"零纸张、零距离、零障碍、零门槛、零费用、零时限"的"六零服务"，年均为企业节约成本5000多万元。

（三）深化"智慧海事"建设

部署集电子哨兵、智能通讯员、数据分析师等于一体的"智慧海事"系统，实现海事监管的智能化，成功保障全球最大1.9万标箱集装箱船顺利靠泊南沙。建立船舶载运危险货物比对快速通关系统及无人机智慧口岸服务队，运用视频监控、船讯网、微信及对讲机等系统资源搭建"CII（中国边检）易检"服务平台，对船舶出入境及在港期间实施全流程信息监管，基本覆盖南沙口岸船舶代理企业，实现出入境无纸化申报。

二 优化"智慧流程"

（一）全国首创货物监管快速验放机制

创设"提前申报、随机布控、货到验放"模式，再造海关通关查验流程，通关时效提高50%以上。实行国际转运自助通关模式，港口作业系统与海关系统自动对碰数据，对国际转运货物自动审核、放行、核销，实现24小时全天候自助通关。

（二）打造市场采购出口商品检管新模式

依托"智检口岸"，创新设立全国首个市场采购出口商品口岸检管区，采用"线上平台+线下检管场"组合监管的创新模式，根据企业诚信风险科学设置布控规则，查验比例大幅度降低90%，平均通检时间由原来的2—3天缩短为16分钟。市场采购出口商品质量合格率较应用体系监管前提高38.7%，商品出口至全球199个国家和地区，涵盖巴基斯坦、埃及、南非、埃塞俄比亚等"一带一路"沿线国家。

（三）创新船舶监管业务流程

建立国际航行船舶进出口岸查验预申报制度，船舶作业实行"先通关、再查验"和24小时随到随检，船舶进出口岸时间由原来的20分钟缩减到2分钟以内。建立邮轮管控系统，对随邮轮抵达南沙口岸的过境旅客免办入出境手续，减少边检查验环节；设置16条邮轮旅客自助通道，实现旅客"不排队、不盖章、刷护照、按手指"轻松过关，入境最快3秒通过，有效提高邮轮通关速度。

三 实施"智慧监管"

（一）实施信用等级动态管理机制

对从事报关报检的进出口企业、国际船舶代理企业进行诚信等级动态管理，将海关企业信用信息与地方政府市场监管平台连接，实现企业信用的大数据监管，实施与南宁、黄埔等海关企业协调员管理"名单互通、企业互认、管理互助"，以企业信用为核心，全链条打造"守信联合激励、失信联合惩戒"管理模式，营造诚实守信的口岸通关环境。

（二）率先建立全球质量溯源体系

依托"智检口岸"，打造"事前'源头可溯、风险可控'、事中'守信便利、失信惩戒'、事后'去向可查、责任可究'"的闭环监管新模式，采集商品生产、贸易、流通全流程质量信息，形成全链条大质量管理机制，以溯源码为介质，实现商品价值的真实传递。建立第三方检验结果采信机制。出台第三方检验结果采信管理办法，根据进出口商品检验监管情况以及风险信息监测情况，建立第三方采信项目动态调整机制，完善第三方检验检测机构资质标准、监管验证、准入退出等管理机制。鼓励在自贸区内成立进出口商品第三方检验鉴定机构，已有14家检验鉴定机构完成被采信机构登记，与澳大利亚环球质量检验公正有限公司签订合作备忘录，共建国际化质量检测采信合作机制。

（三）先行试点政府购买查验服务

根据口岸单位和企业需求，出台试点政府购买查验服务工作方案，明确免除进出口集装箱查验无问题企业的查验费用，为守法经营外贸企业减轻负担。在南沙保税港区、南伟码头、东发码头等口岸开展业务试点，在全国率先实现免除集装箱查验无问题企业吊装、移位、仓储等费用。

四 实现"智慧联通"

（一）推进"三互"大通关改革

建立"三互"口岸协作机制，签订"三互"合作备忘录，建立危化品"三互"协作机制，依托单一窗口，建立联合登轮检查和联合查验标准规范，制定共享信息清单，确定查验结果互认的范围，实现口岸管理信息互换、监管互认、执法互助"三互"合作，进一步提升资源配置能力。

（二）强化航运枢纽功能

完善集疏运体系，大力推动"穿梭巴士"、无水港、江海联运、海铁联运等多式联运发展。已开通 90 条国际班轮航线、32 条内贸航线和 60 条"穿梭巴士"支线，在广西、贵州等泛珠地区建成 33 个无水港，与 41 个国际港口建立友好合作关系，国际航线通达世界五大洲，集装箱驳船支线基本覆盖泛珠三角港口群，无水港将集货敛货体系辐射到泛珠领域。加强粤港货运连通，建立粤港跨境货栈，实现香港机场与南沙保税港区物流园区一站式空、陆联运，物流运输时间压缩 1/2 以上。

（三）推进通关通检互认

推动粤港澳检验检测计量三方互认，创新"CEPA 食品"检验监管模式，将港澳政府认可的合格证明材料作为检验检疫放行依据，实现两地一检、结果互认。推进与"一带一路"沿线国家通关通检互认，实行海关 AEO 认证。

（南沙区人大常委会供稿）

从化区：开辟"绿色通道"，推进特色小镇建设

党的十八大以来，从化区坚持以习近平新时代中国特色社会主义思想为指引，积极践行新发展理念，深入贯彻"绿水青山就是金山银山"理念，坚持把特色小镇作为从化区推进城乡融合发展的重要载体，按照"以点为基、串点成线、连线成片、聚片成面"的实施路径和网状空间布局，已建设和谋划了19个特色小镇。

从化区深入贯彻"绿水青山就是金山银山"理念，开辟"绿色通道"，推进特色小镇建设，坚持将特色小镇作为实施"乡村振兴战略"的重要抓手，统筹布局，并大力推进莲麻小镇、西塘童话小镇、西和万花风情小镇、南平静修小镇以及生态设计小镇等19个特色小镇建设，在改善农村人居环境的同时，优化了营商环境。截至目前，从化区特色小镇的工作成绩良好。小镇投资数额大，19个小镇分为两批，第一批10个，安排项目（2016—2018年度）324个，总投资59841万元，截至8月31日，完成投资25701万元，完成投资率达42.95%；项目已动工200个，动工率61.73%，已完工148个，完工率45.68%。第二批小镇2018年已安排58个项目，投入8470万元。

第一,人居环境日益改善。特色小镇大力整治农村垃圾、污水等脏乱差现象。2017年,莲麻村荣获"全国文明村""全国环境整治示范村"等称号,成为农村人居环境整治的鲜活样板。

第二,产业体系日趋健全。特色小镇依据自身资源禀赋形成具有各自特色的主导产业。一是以莲麻小镇为代表的小农户和现代农业有机衔接模式。莲麻小镇挖掘自身生态文化、革命历史文化、特色饮食文化,发展并形成以民宿、酒坊、酒铺、酒馆、炒茶铺、豆腐作坊等为主体的乡村特色产业体系。二是以西塘童话小镇为代表的村企合作运营模式。它引入碧桂园集团、奥飞娱乐公司等市场力量参与特色小镇开发建设。三是以西和万花风情小镇为代表的产业集聚带动模式。西和小镇依托明显的区位优势和土地资源优势,集中打造万花园产业平台,目前已流转土地4000多亩,实现宝趣玫瑰世界、天适樱花悠乐园、飞腾兰业等20多家花卉企业集聚发展,形成以兰花、樱花、玫瑰花为主题的休闲农业旅游景点。此外,温泉财富小镇已入驻金融类企业135家,资产管理规模超600亿元。

第三,富民兴村日益显现。特色小镇为当地村民带来了不菲的收益。西和小镇企业为当地村民创造1500个就业岗位,人均月工资3000元左右,年人均纯收入20800元,近三年增速均超过15%。西和小镇2018年春节的系列文化活动共吸引游客约13万人次,实现旅游收入超过1000万元,带动周边农家乐、咖啡馆、陶艺店等经营业主增收的同时,也辐射带动周边农民利用自有宅基地经营停车场、农副产品零售等,社会效益和经济效益明显。2018年的"第二届广州西塘稻草节"吸引约15万游客,带动当地农副产品销售、餐饮消费、村民劳务等收入约500万元。小镇定位日益聚焦。在打造特色小镇的时候,总结出小镇建设的关键因素即产业、文化、景观、街区。这为以后打造特色小镇奠定了理论和实践基础，具有可复制、可推广的作用。

总体而言，从化区始终坚持市领导的统领组织作用，发挥基层领导组织战斗堡垒作用，通过强化政策扶持，进一步优化区营商环境。

一 市领导的统领组织作用

市领导亲自挂帅联系特色小镇并深入基层调研，为建设小镇指明方向。市领导组织多次建设特色小镇的专题研讨会，成立了特色小镇战略工作领导小组，并安排每个镇都有该小组领导跟踪落实，明确责任主体，为小镇建设提供了组织保障。

二 发挥基层领导组织战斗堡垒作用

在小镇建设工作中，坚持发挥基层领导组织战斗堡垒作用和党员模范作用。在吕田莲麻小镇、南平静修小镇等，试点建立了基层治理大数据平台和法治议事大厅，实行镇、村干部包村、包户的网格化基层治理和社会治安综合治理，进一步提升基层依法自治水平，为增强农村干部服务基层能力提供重要支撑；对西塘村新一届村"两委"班子实施基层干部素质提升工程，进一步增强基层党组织的凝聚力、向心力和战斗力，带领西塘村从过去的"毒品村""贫困村"华丽变成现在的西塘童话小镇。同时，从化区有针对性地举办了特色小镇战略镇村干部专题培训班，进一步拓宽镇村干部的视野，增长业务知识，提升整体能力，为特色小镇建设提供坚强的思想政治保证和人才智力支持。

三 强化政策扶持

在《广州市加快规划建设北部山区特色小镇实施方案》的基础上,根据从化区各个特色小镇的实际情况,形成《从化区创建特色小镇实施方案》,明确小镇建设思路。同时,制定《从化区实施特色小镇战略工作领导小组议事规程(试行)》《从化区特色小镇建设项目行政审批绿色通道实施意见》《从化区农村建房外立面补助实施办法》等系列政策,为特色小镇建设提供制度保障。

此外,整合资金来源。从化区按照每年每个小镇500万元的标准安排财政资金,并积极整合中心镇建设、山区镇建设、城市更新改造等专项资金。自2016年创建以来,共争取省、市财政资金支持1.04亿元,累计投入区级财政资金1.01亿元。同时,从化区鼓励社会资金参与小镇建设,着力拓宽特色小镇建设资金来源,仅吕田莲麻小镇就累计引入社会资金近1亿元。

(从化区人大常委会供稿)

增城区:"三证合办""三测合办",再塑营商环境新优势

增城区拥有一个国家级经济技术开发区,以及全国第五个国家级侨商产业聚集区"桥梦苑"。2017年以来,在市委、市政府的坚强领导下,增城区着力推进行政审批制度改革,推动简政放权,提升政府服务质量和效益,优化营商环境,切实激发了市场的活力和创造力。

2017年以来,增城区在全市率先探索在建设工程项目审批领域开展"三证合办""三测合办"改革,以"放管服"改革提升政府服务效率效能,建设市场化、国际化、法制化营商环境。

增城以营商环境改革为抓手,不断提升政府服务效能,切实增强城市吸引力和竞争力,推动大项目在增城集聚。近年来,增城成功吸引超视堺8K项目、华电冷热电三联供、珠江国际创业中心、中汽研华南总部基地等177个大型优质项目落户,投资总额1663.28亿元;储备SMC气动元件、奥特奇、奥宝科技等在谈项目143个,预计投资额约1500亿元,发展后劲不断增强。其中,超视堺8K项目是广州改革开放以来单笔投资最大的先进制造业项目,总投资610亿元。营商环境的优化,进一步缩减了企业登记注册、开工建设、审批验收的时限,加快了项目落地速

度。以超视堺 8K 项目为例，从签约到注册实体公司仅用 19 天，从注册到项目动工仅用 31 天，从动工仪式到大规模开工建设仅用 4 个月，预计从开工建设到建成投产仅需 2 年时间，创造了项目落地的"增城速度"，是增城优化营商环境的生动例证。在营商环境改革的推动下，2017 年以来，工信部电子五所、华电冷热电三联供、永旺梦乐城·名古汇等重点投资项目在增城陆续动工建设。营商环境的改革，带来重大产业项目、总部经济、民生项目的集聚，随之而来的是固定资产投资的快速增长。2017 年，增城实现固定资产投资 689.73 亿元，增长 31.12%，增速在全市各区排第 1 位。在产业方面，超视堺 8K 项目 2017 年实现固定资产投资 80 亿元；在总部经济方面，广州东部交通枢纽中心项目完成投资 26.9 亿元；在社会民生方面，市妇女儿童医疗中心增城院区项目投资 19.9 亿元，广州前海人寿医院项目投资 60 亿元。随着营商环境的不断优化，在系列优质项目的强力带动下，预计未来两年增城固定资产投资仍将继续保持高速增长。营商环境改革的持续深入，有力地改善了市场环境，激发了市场内在活力，释放了经济发展的巨大潜能，拉动增城区市场主体井喷式增长。截至 2017 年年底，登记新发展市场主体 2.4 万户，同比增长 45.42%，日均新发展市场主体约 65 户；新增注册资本 574.12 亿元，同比增长 178.86%，增速是 2016 年的 2.86 倍，其中注册资本亿元以上（含 1 亿元）企业 175 户，体现出极大的市场活力和发展潜力。

总体而言，增城区首推规划国土"三证合办"，再创"三测合办"改革新举措，并且通过多举措推动简政放权，进一步推动商事登记制度改革和优化重点投资项目服务改善区营商环境。

一 优化审批流程，首推规划国土"三证合办"

审批流程烦琐，审批时间过长，报送材料多，是长期困扰企业的一大难题。为优化审批流程，节省审批时间，提升政府服务效率，增城在全市首推《建设用地规划许可证》《建设用地批准书》和《不动产权证书》等"三证合办"政务新服务，实现规划、国土高度融合的重大突破。一是缩短办事时间。"三证合办"举措面向所有政府直接供地的项目，变串联审批为并联审批，实现信息共享，企业只需一次申请便可同步办理，办理流程从原来的48天压缩到3天。二是简化办证材料。"三证合办"申请办理业务实现信息共享，企业从原来须至少跑5趟，提供32份材料，到现在提交的材料合计不到10项，一次性收件就能完成整个流程，效率大幅提升。三是提升服务效率。实行"一窗受理、并联审批、限时办结"，开发并应用了"三证合并"系统，通过短信及时告知相关业务部门案件进展；建立"三证合并"业务微信群，及时通报工作进展，督促各部门在规定时间内完成审批服务工作。

二 打破行政壁垒，再创"三测合办"改革新举措

建设工程规划验收测量、人防工程竣工验收测量、新建房屋不动产测绘，这是由多个不同行政部门依次进行的三项测绘业务，在实际工作中存在"一个对象、两套标准、三项测量、重复

进场、各自独立、缺乏统筹、效率不高"等问题。增城通过充分研究，打破行政壁垒，实现"三测合办"。一是压缩办理时限。实行"一窗受理、同步测绘、分时办结、有效监管"，企业可同时申请以上三项测绘业务，并通过微信群和动态短信提醒，及时了解测绘工作的每个环节、办理时间、办理人员和存在问题，办理时间从原先的至少需要49个工作日压缩到现在的24个工作日。二是降低企业负担。对于实行"三测合办"的企业，取消规划验收测量单位人防测量的地形测量收费，取消所有办理不动产测绘需要购买的规划验收测量成果电子版的收费，切实降低企业费用负担。三是节约行政成本。建立了"三测合办"工作组，将申请材料、测绘成果、办理信息在工作组内共享及内部流转，进行联动办案，有效地节约行政成本。

三 提升审批效率，多举措推动简政放权

做好简政放权的"减法"，让审批"少跑路"，切实减少企业奔波和烦忧，为市场主体投资、发展提供高效的政务服务。一是删减申请事项。将原来需要申请单位提供的宗地图改为在政府供地后由区土地开发储备中心委托测绘机构为企业出具，相关测绘费用纳入土地整合成本，提升企业投资建设效率，同时也减轻了企业办理业务过程中的负担。二是减少前置条件。建设项目需要申请砍伐、迁移、栽种树木的，由原来须在办理《建设工程规划许可证》之后提前到修建性详细规划批复以后就可办理。三是调整收费流程。将基础设施配套费、人防异地建设费、工伤意外保险、印花税等费用，统一合并到施工许可前办理。

四 优化市场准入，推动商事登记制度改革

按照市委、市政府制定的商事制度改革规则和政策，增城初步建立了适应市场经济的准入审批、事中事后监管和创业创新扶持等工作机制。一是精简商事登记审批事项。将商事主体登记前置审批事项由原来的101项压减为20项，精简率达80.2%，实施注册资本认缴制度，允许企业申领营业执照时"零首付"，为企业先期发展争取大量时间。二是实施简易商事登记改革。推进统一的市场准入体系、市场监管体系以及企业诚信体系建设，推动"一照一码，多证合一"改革；加大"僵尸企业"清理力度，实行简易注销登记程序，完善市场主体快速退出机制。三是放宽商事登记限制。全面实施企业名称登记制度改革，把企业名称核准制改为自主申报制，即时申报即时使用，提高名称登记效率2.5倍，解决企业起名难的问题；进一步放宽经营场地限制，允许"一址多照"、企业集群注册和全市行政区划内的"一照多址"。四是推行网络化商事登记服务。上线"银商通"系统，由银行为申请人无偿代办商事登记服务，将登记窗口延伸拓展至49个银行网点；推行"人工智能+机器人"全程电子化商事登记系统，推动智能审核、即时办理，实现"群众免跑路，数据高速路"，全面提升商事登记办理效率和便利程度。

五 规范制度管理，优化重点投资项目服务

为深入推进简政放权、放管结合、优化服务改革，按照《广

州市人民政府关于建设工程项目审批制度改革的实施意见》（穗府〔2017〕9号）等有关精神，增城制定了《优化政府投资项目前期审批流程的实施意见》和《重点企业投资项目服务工作制度》。一是优化政府投资项目服务。以简化审批环节和优化审批流程为重点，通过落实合并报审、提前审查、优化流程、放宽权限、创新管理等具体工作措施，努力将政府投资项目前期审批时限从法定的350—430个工作日缩减为108—134个工作日，压缩比例近70%。二是理顺企业投资项目服务流程。重点明确增城区各级各部门在服务重点企业投资项目方面的责任事项，细化了招商引资项目从供地到竣工投产全过程服务工作流程和工作机制，以推动签约项目早落地，落地项目早动工，动工项目早投产。

（增城区人大常委会供稿）

城市借鉴篇

一直以来，香港保持着较好的营商环境和商业态度，作为贸易自由、金融开放的地区以及连通内陆与世界其他国家的重要中转，在今天中国深化改革、扩大开放的背景下，发挥着重要作用。其长期奉行的自由贸易政策、简单税制，以及紧密联系的金融机构和市场，与国际标准接轨的各项监管规则等，都为市场提供了开放、流通顺畅的营商环境。作为世界银行公布的 *Doing Business* 中国营商环境指数参考城市之一的上海，其指标数据权重为55%，在开办企业、施工许可审批、跨境贸易、登记财产、纳税、获得信贷等方面的改革可为广州市优化营商环境提供一些借鉴。

本篇将选取香港和上海作为城市借鉴样本，通过梳理两座城市在营商环境优化时做出的政策安排，总结政策亮点，并结合广州实际提出可供对标学习和超越的建议。

香港：以企业需求为导向，
阔开"方便"之门

香港是自由开放的地区，连续22年被评为"全球最自由的经济体"。香港政府采取积极不干预的政策，业界也秉持政府规划会降低商界效率的观点。但随着国际贸易情形的复杂化以及世界银行关于营商环境测评结果的公布，香港政府开始改变优化规划，建立新的行政服务机制。香港地区97%以上都是中小企业，面临更为严峻的贸易挑战。为了更好地服务在港企业发展，香港政府着力营造安全、方便、高效的营商环境，保持自由开放的态度，坚定为企服务的理念，致力于在政策设计、政企沟通、全程监管等方面积极作为。

2006年1月，香港政府成立方便营商咨询委员会，其主要职权范围包括：就制订和改善便利商界遵规的计划及措施向财政司提供意见和汇报；检讨影响商界的规章条例及相关程序，取缔过时、不必要或累赘繁复的规管条例；提高规管的效率、透明度及便利程度；为政府及商界提供平台，就规管建议进行咨询，并商讨如何实施制定或建议规章条例；设立并监督引导有关专责工作小组进行规管检讨或推行其他便利商界遵规的措施等。方便营商咨询委员会下设三个工作小组：批发及零售业工作小组、食物及

相关服务业工作小组以及营商联络工作小组。营商联络工作小组进驻主题公园及其他景点、食物业、宾馆等10个主要行业，设立常驻工作小组；联络营商小组旨在提供正式讨论平台，加强与企业的沟通。每次小组会议均由相关部门派代表出席，就执行层面的规管及牌照事宜与业界交换意见，直接回应业界代表提出的问题。

2007年年初，香港政府推出"精明规管"计划，包括策划、咨询、推行及检讨四个元素；联合29个决策部门共同参与，致力于持久关注并改善香港营商环境，重点围绕方便顾客程度、效率及透明度三个方面开展工作。基于此，香港政府又出台一系列优化营商措施，主要包括：简化企业注册、牌照和建筑施工许可证申请的手续；发挥贸易自由港的优势，加紧与内陆合作，推展"自由贸易协定中转货物便利计划"，有利于贸易商使用香港本地关税优惠，吸引货物经由香港转运，通过"跨境一锁计划"，利用电子设备为转运货物提供无缝清关服务；成立营商小组，定期开会讨论营商环境改善政策的落实情况，并通过联合参会形式吸取企业提出的整改意见；制定详尽细化的政策，基本保持每4个月进行一次针对不同行业的细微政策的发布及上一阶段工作情况的总结汇报。

一 香港优化营商环境的主要措施

（一）简化企业开办流程

进一步加强企业开办电子化程度，推出移动端应用程序"注册易"帮助企业快速完成注册手续；推出"监察易"帮助企业监察有关公司的文件存档记录，保证企业信息安全。香港本地独资或合资企业可免除注册流程直接运营,并在1个月内于网站填写申请表格,即时办理商业登记。对于本港有限公司及非香港公司也可通过"注册易"电子平台填写资料,获得企业注册证明书和商业登记证。另外,香港政府取消了公司必须配备有公司印章的强制性规定及成立公司必须拟备组织章程大纲的法律规定。以上措施将企业开办时限压缩到1天以内。

(二)扩展金融信贷渠道

成立企业交易所,汇聚本港地区中小企业以此为平台在全球吸引海外投资者。进一步加强与金融管理局合作,容许企业在符合指明条件下,计算利得税时享受扣减内部融资业务的利息支出,部分指定业务利润可宽减利得税50%,极大缓解企业融资成本。推出实时区块链贸易融资平台,由7家银行发起,香港金融管理局推动,联合21家银行作为参与节点,致力于减少与贸易融资和双重融资相关的欺诈行为,从而在长期内提高信贷可用性,降低融资成本,进一步帮助中小企业获得融资。

(三)营造有利税务环境

保持简单税制和低税率以及高免税额等优惠措施。香港地区不征收增值税等复杂税种,只针对企业或个人在港利得征收物业税、利得税和薪俸税。符合条件的企业还可享受高额的免税政策,比如投资兴建工业大厦类项目的资本开支、借入资金的利息、楼宇和占用土地的租金、商标和专利注册费、科学研究支出、雇员退休计划供款等项目,都可享受不同程度的扣税优惠。同时,开通网上平台自主报税服务,协助企业减轻申报雇员薪酬的行政负担,进一步简化企业纳税流程。财税中心针对不同公司规模发布不同模板的电子报税系统，统一规范，压缩缴税时间。

（四）保持贸易自由开放

中国香港是世界贸易自由港，连通内陆与世界其他国家贸易往来。中国香港海关与内地以及其他部分国家海关签订认可经济营运商互认安排，符合既定安全标准的企业即可获得认可的营运商资质，享有协议双方海关当局所给予的减少查验、优先清关、特别优惠等通关便利。为进一步简化陆路边境的货物清关手续，内地与香港协同，致力于将香港海关"多模式联运转运货物便利计划"和内地海关的"跨境快速通关安排"互联互通。运送货物的跨境货车应用同一把电子锁，实现两地海关当局陆路边境货物清关手续自动化，避免海关重复查验，极大减少通关手续，缩短通关时间；同时，利用电子锁及全球定位系统技术，对香港境内转运货物做出检查，保障货物安全不受干扰。

（五）加强知识产权保护

在知识产权保护方面，执行较为严格的侵权处罚措施，包括禁制令、赔偿损害和交出所得利润三项；并通过执行外地判决、与内地法院交互执行民事判决、仲裁裁决和调解四种手段执行知识产权相关命令。

（六）提供高效政务服务

一是加强入职培训，强化公务人员业务水平，增强部门人员的工作交流。帮助公务人员深入了解政府营商环境政策的制定和实施情况，提高公务人员对企业的服务意识和服务水平，实现政务服务更加流畅、耗费手续更加精简。

二是在设立营商小组基础上，进一步加强与企业的沟通交流。企业可以通过网络平台自由申报参加营商小组会议，提交针对性建议和意见，形成快速有效的反馈机制。营商小组也可以根据不同行业特征制定不同的营商环境改善措施，使政策更具体，可实施性更强。营商小组也会定期检讨营商环境政策落实情况，并结合企业提出的改善建议，向上级汇报，及时做出响应。同时，企业可以第一时间了解营商小组会议内容及相关政策的制定和发布。

三是定期举办商业接洽会议，邀请不同企业代表参加，加强互相沟通交流，帮助企业实现"快速了解，深入合作"的模式，以进一步扩展业务。同时，政府根据企业需求帮助其物色所需人才。比如，帮助企业与其他服务企业合作，寻找专业秘书人员、法律顾问人员以及其他正规服务人员。

四是政府网站加强因营商环境改善而获利的企业成功案例的宣传力度，使更多企业深入了解相关营商环境改善措施，吸引更多优质企业进入香港，提高企业开办及持续发展的信心。同时，政府会联合各领域专家，继续开展有关营商环境改善项目研究，研究成果将作为政府政策制定的重要参考依据。

二 对标香港，广州市优化营商环境的借鉴建议

（一）简化企业开办流程

推行企业注册和工商登记合并处理，一次办结，实行行政审批"统一流程化"，政府内部门间协调审批，实现窗口、PC端、移动应用端结合办理，减少企业跑动次数。实现"人工智能＋机

器人"商事登记全覆盖,探索"一照一码走天下"改革试点。建立"全容缺+信用评价"机制,对于部分企业可考虑"先运营后审查"模式。对于小型工程建筑项目,诸如企业施工完成后的边角土地,只要符合准则,企业可直接申请使用,无须审批。

(二) 制定细化营商政策

深入调研,了解行业和企业问题现状,制订可实施性更强、更具体细化的政策方案,实现政策稳定连贯,符合企业需求,及时落地实施。针对企业性质,应给予不同力度的奖励补助方案,不能一概而论。针对科研投入比重较大的民营企业,应该提高补助力度,放宽出成果的时限,不能向企业施加过大压力。

(三) 减少企业融资成本

建立金融服务中心,处理广东地区涉企金融服务工作,并加强与深圳市、香港地区的合作,深化金融服务改革,实现广州金融水平尽早与国际接轨。加大广州市投资规模、民间融资规模和比例。基于企业征信评估结果,适当放宽给符合条件企业贷款的要求。对于科研投入比例较大的中小企业,应该加大宣传推广力度,帮助企业获得投资方的支持。

(四) 加强中小企业保护

加强对中小企业的保护政策,尤其是对创新能力较强、具有核心技术的企业,应该加强政府扶持力度。重视中小企业内涵和发展前景,重视企业服务质量、企业和广州市特色融合度以及文化企业对广州市特色的宣传效果。开展小微企业信贷政策导向评估,推动评估结果在地方政府风险补偿金、财税奖补等政策中的运用，支持小微企业信贷需求。落实中小微企业保护政策，实现中小企业享受同等国民待遇。同一产业内，国有大型企业可考虑为上下游小企业做贷款担保，缓解中小企业融资难问题。

（五）提高广州港口开放水平

积极连通广州市内港与外港。基于粤港澳大湾区建设，增强广州港口和深圳蛇口港、香港地区港口的合作，提高航运水平，简化清关流程，缩减通关时限。推广口岸通关电子化平台，实现提前报关、后台审批、跟踪保护全流程服务。积极推进广州市与深圳前海、香港地区的贸易金融业务互动，实现粤港澳地区贸易资金流通顺畅，境外资金引入和境内资金转出更加便捷。

（六）加强知识产权保护和侵权处罚

加强知识产权和商标权的宣传，并协助企业深刻认识知识产权的重要性。建立一个包含政府部门、法院、知识产权服务机构的产权纠纷处理中心，有效缩短侵权行为案件处理时间，减少企业维权成本；加大侵犯知识产权处罚力度，部分案例可实行巨额补偿措施。

（七）加强政府服务效率

强化政府部门公务人员服务意识，熟悉业务流程。建议各部门加强公务人员的入职培训力度，认真学习中央和各级单位出台的有关营商环境改善的政策方案，帮助企业人员深入了解政策走向，减少企业咨询时间和咨询成本。加强部门间人员交流，协调各部门标准统一，方便企业了解和办理业务。跨政府机构部门对企业获得政府的相关资质证明、奖补措施、优化政策应该统一规范，予以认可和批准。有关企业相关信息，应该及时录入网络系统，实现各区、各部门数据共享，避免资料重复提交、企业人员多次跑动。

（八）建立政策反馈机制

加强与研究团队及企业合作，成立专门的营商优化小组，提供营商环境政策咨询、违规问题及时举报、政策落实效果反馈等多项内容。通过多种手段及时了解广州市营商环境改善状况和不足之处，并针对问题制定下一阶段整改措施，争取营商环境稳定提升。

（九）加深政企合作

加强政府部门和企业的合作机制。政府可通过调研、上下级沟通等方式了解市场行情，帮助企业分析发展前景；还可定期组织相关企业进行商务联谊，促进企业之间经验交流，互相学习管理经验，探讨市场运作情况，互通有无，进一步扩展企业业务范围，提升企业自身业务水平。

（十）加大营商环境改善宣传力度

建立网络宣传平台，集中板块宣传营商环境改善的相关政策方案，及时公布从大框架到细化的政策实施方案，方便企业查询。对于一些中小企业，政府应该加强政策普及和辅导，通过电子邮件等方式传达营商环境改善政策。加强营商环境改善的成功案例宣传，帮助企业提升注册开办和持续发展的信心。

（广州市社会科学院秦一博、刘帷韬撰写）

上海：以中央政策为引领，深化"改革"之势

上海作为一座国际化城市，在许多国际公认的评价指标中取得了很好的成绩。其中，世界银行的营商环境报告是具有广泛国际影响的评价指标，上海和北京是世界银行对我国营商环境评价的样本城市，上海的权重为55%，其营商环境优劣对世界银行指标体系关于中国的评价尤为重要。作为我国最大的经济中心城市，上海的发展得益于良好的营商环境。目前，上海正处在新旧动能加快转换关键时期，要成为卓越的全球城市，尤其需要优化营商环境。上海市委、市政府高度重视营商环境建设，把优化提升营商环境作为上海改革开放再出发的一项突破任务。将上海打造成为贸易投资最便利、行政效率最高、服务管理最规范、法治体系最完善的城市，积极融入国际贸易环境，充分运用好中央政策引导，是上海优化营商环境的重要方向。

上海市发布有关营商环境的政策较多，涵盖世界银行发布的11个指标中的8个，分别是开办企业、施工许可审批、跨境贸易、获得电力、登记财产、纳税、执行合同和获得信贷。其中，在开办企业、施工许可、跨境贸易、获得信贷方面亮点较多。在开办企业方面，为提高开办企业效率，发布《关于加快企业登记

流程再造推行开办企业"一窗通"服务平台的意见》（沪工商规〔2018〕1号），推行"互联网+平台"、线上操作、合并程序，提高开办企业效率。在提升施工许可证审批方面，发布4份文件，从优化施工许可证的审批过程、加快产业项目审批以及项目验收改革入手，使施工许可证审批速度加快，项目早日动工。在促进跨境贸易方面，发布2份文件，分别为加快上海自由贸易港建设和实施积极的进口措施。在优化信贷环境方面，借助自贸区扩大金融业开放，并针对小微企业、"三农"、科创企业进行金融资源倾斜。

一 上海市优化营商环境的主要措施

（一）推行"一窗通"服务平台，推进简政放权、放管结合

上海市工商行政管理局、上海市公安局、上海市国家税务局、上海市地方税务局发布《关于加快企业登记流程再造推行开办企业"一窗通"服务平台的意见》（沪工商规〔2018〕1号）。通过"一窗通"服务平台一表填写、一次提交数据，各部门并联办理代替传统办证流程，促使线上操作流程便捷化。2016年9月，上海市人民政府办公厅印发《本市推进简政放权放管结合优化服务改革工作要点》（沪府发〔2016〕78号），以简化审批程序流程压缩时间、创造高效的服务型政府为目标，严格行政审批评估评审目录管理，凡未列入目录者，一律不得要求申请人进行评估、评审，凡增加评估评审，必须依法进行登记备案，列入目录后方能予以实施。严格规范行政审批评估评审行为，严禁行政机关将一项评估评审拆分为多个环节开展评估评审，并进一步推进工商登记注册便利化改革。在全面实施企业"三证合一"基础

上，实现"五证合一、一照一码"。积极推进企业注册全程电子化，通过外网申报、预约办理等方式，提高企业登记便利化。

（二）优化施工许可审批，促进项目验收改革

2018年2月，上海市社会投资项目审批改革工作领导小组印发《进一步深化本市社会投资项目审批改革实施细则》（沪社审改〔2018〕1号），通过采取"将开工前审批流程整合为设计方案和施工许可证两个环节；设计方案审核与施工许可证可以在'上海市建设工程联审共享平台'的网上政务大厅办理；工业项目设计方案免于审核，小型项目和其他社会投资项目将方案报给规划部门后，由规划部门联系其他部门完成方案审核"等方式加快审批节奏，进一步优化营商环境，加快转变政府职能。2018年3月，上海市住房和城乡建设委员会发布《关于进一步优化全市建筑工程施工许可审批和推行电子证照的通知》（沪建管〔2018〕150号），建筑单位可自行登录指定网站查询办理情况，自行下载打印电子证照，并且取消发证前安全质量措施审核和工伤保险费用缴纳，调整为告知承诺和核发后的事后监管，实现电子签章、电子证照在施工许可审批中的应用，缩短了许可审批时间。2018年3月，上海市住房和城乡建设委员会发布《关于进一步改善和优化本市施工许可办理环节营商环境的通知》，进一步简化施工许可证办理，建筑单位可自主决定发包方式，不再强制要求进行招投标，并且取消施工许可证核发前资金落实情况审核，不再要求建设单位提供银行资金到位证明以及支付给施工单位的预付款证明，改为由建设单位出具建设资金落实和无拖欠工程款承诺；针对小型项目和工业项目，不再强制要求进行工程监理；可以自主决策选择监理或者全过程工程咨询，有条件单位可以实行自管模式。

2018年3月，上海市社会投资项目审批改革工作领导小组印发《进一步深化本市社会投资项目竣工验收改革实施办法》（沪社审改〔2018〕2号），以确保社会投资建设工程安全质量，为建设工程竣工验收提供高效优质服务为目标进行项目验收改革，主要包括：项目竣工后，在"上海市建设工程并联审批共享平台"实行项目工程质量、规划国土、消防、交警等并联验收和备案服务；针对一些无法把握符合全部验收标准的项目，在部分竣工时可申请现场查看，符合的给予通过，后期不再进行该标准验收，未通过的一次性明确给予整改意见，复验时不得提出新的整改要求；以承诺为重点建立事后监管制度并加大诚信档案的运用，惩戒那些不兑现承诺的行为主体。

（三）实施积极的进口措施，加快自由贸易港建设

2018年3月，上海市人民政府办公厅开始实施《着力优化营商环境加快构建开放型经济新体制行动方案》，明确要通过中国国际进口博览会，加强进口促进示范区建立，鼓励商品进口。推进跨境电子商务政策和监管体系创新，支持企业通过发展保税展示销售、增设口岸进境免税店建立全球商品进口网络和资源渠道，建立一系列直销中心和相关渠道，做大进口规模。通过完善国际贸易"单一窗口"3.0版本功能，最大限度实现覆盖船舶抵离、港口作业、货物通关等口岸作业各环节的全程无纸化，加快实现"通关+物流"货物跟踪查询应用，推进企业信用等级的跨部门共享，对高信用等级企业进一步降低查验率。公布口岸作业环节收费清单，清单之外一律不得收费，企业有权拒绝缴纳清单之外的收费。力争率先在上海口岸试点报关报检"并联"作业，

推进关检申报相关单证提交方式的一致性，在海关特殊监管区推广分送集报、货物状态分类监管等便利化措施。

（四）不动产登记全网通，审批效率进一步提升

上海市不动产登记局于 2018 年 2 月发布《关于本市实施不动产登记"全·网·通"服务改革的通知》，对不动产登记、交易、缴税等工作进行全流程改造、系统升级和资源整合，采取只找一个窗口、办理时限缩短的办法，将过去房地产交易登记和税收办理需要分别跑交易、税务、登记 3 个部门并递 3 次材料调整为一口受理、内部流转、并联审批、统一时限。结合市政府办公厅推进的"互联网+政务服务"，在全市统一的网上政务大厅提供网上申请不动产登记服务。对网上提交申请材料并且通过预审的，通过网上或现场缴纳登记费和税收后，可以进入综合受理窗口的绿色通道，现场核对资料后直接领证，并且从"互联网+政务服务"数据中心获取不动产业务办理所需要的相关数据，不再要求申请人重复提交。

（五）提升纳税便利度，减少企业办税流程

2018 年 2 月，上海国家税务局等部门发布《提升纳税便利度，优化营商环境的若干措施》，以减少企业涉税办税业务时间和次数，提升纳税便利度。通过依托智能咨询机器人，为纳税人个性化、自助化在线沟通服务，创新智能咨询服务模式。在全面推进电子发票基础上，扩大取消认证范围，除纳税信用评价结果为 D 级的纳税人以外，将无不良信用记录的新办、未评级的增值税一般纳税人纳入取消增值税专用发票认证范围。探索增值税和企业所得税预填式一键申报，符合条件的纳税人可根据纳税人基础信息和财务报表数据等,自动生成申报表,纳税人只需确认,减少纳税人申报填写时间。

(六)提升获得信贷便利性,助推市场富有效率

上海市金融办、人民银行上海分行、上海银监局联合发布了《关于提升金融信贷服务水平 优化营商环境的意见》,旨在进一步推进金融服务创新,提升金融信贷服务可获得性和便捷性,助推上海市形成充满活力、富有效率、更加开放的法治化、国际化、便利化营商环境。支持符合条件的民营资本依法设立民营银行、金融租赁公司、财务公司、汽车金融公司和消费金融公司等金融机构。放宽银行业对境外金融机构准入限制,提升外资金融机构的信贷服务能力。引导各类金融资源向小微企业、科创企业和"三农"等普惠金融领域倾斜。对普惠金融领域贷款达到一定标准的金融机构实施定向降准政策,鼓励大型银行设立普惠金融事业部,推进落实有关提升普惠金融领域不良贷款容忍度的监管要求。加强"三农"金融服务,稳妥有序推进农村土地经营权和农村住房财产权抵押贷款。降低企业信贷成本费用,鼓励金融机构和企业引入海外低成本资金。发挥上海中小微企业政策性融资担保基金作用,进一步拓宽政策性担保范围。

(七)健全人才培养和引进机制,增加市场新动力

加快培养具有国际竞争力的创新型科技人才,打造具有国际竞争力的人才引进制度,全面实施外国人来华工作许可制度,统一评价标准,实行分类管理。探索建立弹性学制,打通科研人才双向流动通道。加大创新创业人才激励力度,探索专业人才协议工资制和项目工资制等薪酬分配办法。发展专业性、行业性人力资源市场，放宽人力资源服务业准入限制。健全人才服务体系，在配偶就业、子女入学、医疗、住房、社会保障等方面完善相关措施，加大保障房配建、改建以及代理经租等公租房筹措力度，优化引进人才申请"社区公共户"审批流程。

二 对标上海，广州市优化营商环境的借鉴建议

（一）进一步推进行政审批改革方案

相比上海，广州在审批上的时间较长，前期预约注册难，办证时间过长，程序烦琐。参照上海经验，广州应以"证照分离"改革为抓手，转变政府审批职能，深化商事改革。通过"一网通"平台一表填写、一次提交数据，各部门并联办理代替传统办证流程，深入推进"五证合一，一证一照"改革，在审批环节原则上实行"一审一核"制，真正做到技术审查跟行政审查分离，进一步加强关于容缺受理审批的推进力度、简化审批程序以及后置现场审查。

（二）简化施工许可审批事项

可在特定区域试行让社会投资项目自主决定发包方式，取消强制招投标，取消施工许可证核发前资金落实情况审核，改为承诺制。对于工业项目和小型项目，不再强制要求聘请工程监理。

（三）实施积极的进口政策

参照上海利用中国国际进口博览会做法，搭建优势产品贸易平台建设，利用广州自己的优势，做好广州中国进出口商品交易

会，加强国家进口贸易，促进创新示范区建设，继续鼓励先进技术设备和关键零部件等进口。推进医疗器械、工程机械、化妆品、酒类等特色优势产品贸易平台建设，推进汽车平行进口做大规模，支持建立一批进口商品直销中心，加大进口规模。

（四）提升获得信贷便利性

在已有金融基础上进一步扩大金融纵深，提高企业获得信贷的便利程度，可设立诸如"广州花城银行"等民营银行为中小微及"三农"企业提供贷款。针对放款给中小微及"三农"企业达到一定数额的银行，可对其实行定向降准。完善农业信贷担保体系，稳妥有序推进农村土地经营权和农村住房财产权抵押贷款，鼓励金融机构和企业引入海外低成本资金。

（五）进一步提高纳税便利度

采取科技手段如智能咨询机器人为纳税人提供"智能为主，人工为辅"的自助化在线沟通服务，以及在全面推进电子发票的基础上扩大取消增值税专票认证范围，增添预填式一键申报，根据纳税人基础信息和财务报表信息等，系统自动生成申请表，客户只需确认即可，减少纳税人申报填写时间。

（广州市社会科学院熊超、刘帷韬撰写）

后　记

根据中央、省、市关于优化营商环境的工作部署，为加强人大对经济工作的监督，按照广州市人大常委会陈建华主任的指示，在常委会李小勉副主任的具体指导下，经济工委结合自身工作任务，与广州市社会科学院合作开展了营商环境调查研究，并得到广州市政务管理办公室、金融工作局、交通委员会、工商局、人力资源和社会保障局、税务局和越秀、海珠、荔湾、天河、白云、黄埔、花都、番禺、南沙、从化、增城等区人大常委会与政府部门的大力支持，积极配合课题调研，提供文稿资料。本书是在各方通力合作下完成的一项集体研究成果，在此向为本书付出辛劳的各部门、各区领导和同志们表示感谢！

本书旨在为经济监督工作和人大代表审议相关议题提供一份参阅材料。因编写时间较为紧迫，数据收集恐有遗漏，不足之处在所难免，敬请指正。

编　者

2018年12月